Albert Raffelt

Proseminar Theologie

Albert Raffelt

Proseminar Theologie

Einführung in das wissenschaftliche Arbeiten
und in die theologische Bücherkunde

Vierte, völlig neubearbeitete Auflage

Herder Freiburg · Basel · Wien

Den Freunden und Kollegen
an der Theologischen Fakultät
und der Universitätsbibliothek
der Albert-Ludwigs-Universität
Freiburg im Breisgau

Satz, Druck und Einband: Freiburger Graphische Betriebe 1985
ISBN 3-451-20545-9

Inhalt

0 Einleitung

Das Thema „wissenschaftliches Arbeiten" umspannt ein großes Gebiet. Fragen der persönlichen Arbeitsmethoden gehören ebenso dazu wie das Feld der Bürotechnik, das Buch- und Bibliothekswesen ebenso wie manche technische Medien. Um so wichtiger ist die Abgrenzung und Selbstbescheidung einer jeden Anleitung in diesem Bereich. Das vorliegende Buch möchte dem Studienanfänger, aber auch demjenigen, der erstmals im Laufe seines Theologiestudiums eine größere, selbständige wissenschaftliche Arbeit unternimmt, die nötigen handwerklich-technischen Kenntnisse vermitteln und ihn in die weiterführende Literatur einweisen. Die Erfahrung zeigt aber, daß solche einfachen technischen Kenntnisse im allgemeinen kaum zu Studienbeginn für den Rest des Lebens erworben werden können; manche zunächst als überflüssige Quisquilie belächelte Empfehlung zeigt ihren Sinn vielleicht erst bei der Abfassung einer Dissertation. Auch dafür möchte das Bändchen in seinem Rahmen als bequemes Nachschlagewerk dienen.

Die einzelnen Kapitel sind so gegliedert, daß sie in etwa dem Gang einer solchen wissenschaftlichen Arbeit folgen. Zunächst werden Grundinformationen über Bibliotheken und Buchhandel geboten; das Ausfindigmachen geeigneter Literatur setzt erste Kenntnisse der Bibliographie voraus; der Umgang mit Literatur erfordert eine Beschäftigung mit dem Problem des rechten Lesens und schriftlichen Fixierens des Erarbeiteten; das führt zur Frage des „Archivierens" der eigenen wissenschaftlichen Materialien und Ergebnisse; Ordnungsmittel und Klassifikationssysteme sind hier hilfreich;

die Gestaltung schriftlicher Arbeiten – aber auch der Vortrag eines Referats – und schließlich die Vervielfältigung oder gar Drucklegung stellen einige allgemeine inhaltliche sowie viele äußerlich-formale Probleme, für die praktisch erprobte Lösungsvorschläge geboten werden sollen.

Die Auswahl der Themen erfolgte aufgrund praktischer Erfahrungen in Seminarübungen. Selbstverständlich konnte für zahlreiche Fragen auf Literatur zurückgegriffen werden. Viele derartige Werke speichern ein Gutteil „geronnener Erfahrung". Sie sollten hier nicht nochmals abgeschrieben werden, und daher wird demjenigen, der dieses Bändchen zu Rate zieht, durchaus empfohlen, möglichst noch ein weiteres Werk der Gattung „Einführung in das wissenschaftliche Arbeiten" kritisch gegenzulesen[1]. An einzelnen Punkten wird immer wieder auf derartige gründlichere Darstellungen verwiesen, die im Bedarfsfall zur Vertiefung herangezogen werden können.

Als zu Beginn des Jahrhunderts der Exeget Leopold Fonck

---

[1] Aus der umfangreichen Literatur seien genannt: Kliemann, Horst: *Anleitungen zum wissenschaftlichen Arbeiten.* Freiburg i. Br.: Rombach, [7]1970. - Nachdruck u. d. T.: *So erarbeitet man Vorträge und Veröffentlichungen.* München: Heyne, 1984; Poenicke, Klaus; Wodke-Repplinger, Ilse: *Wie verfaßt man wissenschaftliche Arbeiten?* Mannheim: Bibliograph. Institut, 1977 (Duden-Taschenbücher 21); eine Fülle von praktischen Hinweisen enthält Heyde, Johannes E.: *Technik des wissenschaftlichen Arbeitens.* Berlin: Kiepert, [10]1970; systematisch sehr gut durchdacht, aber etwas weniger materialreich sind folgende Arbeiten: Seiffert, Helmut: *Einführung in das wissenschaftliche Arbeiten.* Braunschweig: Vieweg, 1972; Spandl, Oskar P.: *Die Organisation der wissenschaftlichen Arbeit.* Reinbek: Rowohlt, 1974; aus dem Bereich der Pädagogik stammen Hammer, Gerhard: *Erfolgreich studieren.* Freiburg: Herder, 1977; Rückriem, Georg; Stary, Joachim; Franck, Norbert: *Die Technik wissenschaftlichen Arbeitens.* Paderborn: Schöningh, [3]1983 (UTB 724); besonders um die Frage der Dokumentation des Erarbeiteten müht sich *Studium und wissenschaftliches Arbeiten /* Greschat, Manfred.... Gütersloh: G. Mohn, [2]1974. Ein weiteres Spektrum beziehen ein Hülshoff, Friedhelm; Kaldewey, Rüdiger: *Mit Erfolg studieren : Studienorganisation und Arbeitstechniken.* München: Beck, [2]1983; Dahmer, Hella u. Jürgen: *Effektives Lernen.* Stuttgart: Schattauer, [2]1979 (UTB 635); nicht auf die Wissenschaften beschränkt ist der Adressatenkreis von Zielke, Wolfgang: *Handbuch Lern-, Denk-, Arbeitstechniken.* München: mvg, 1980. Eines der besten Werke für die Theologie liegt leider nur italienisch vor: Farina, Raffaello: *Metodologia : Avviamento alla tecnica del lavoro scientifico.* Zürich: Pas, [2]1974 (Biblioteca di scienze religiose 6).

sein einschlägiges umfangreiches Werk veröffentlichte[2], behandelte er noch eine ganze Reihe anderer Fragen. Sie mußten aus vielen Gründen hier ausgeklammert werden. So ist es nicht die Aufgabe der folgenden Seiten, in die spezifische Methodologie der theologischen Fächer einzuführen. Dies wäre sowohl wegen der hohen Spezialisierung dieser Methoden als auch wegen deren Vielfalt nicht möglich[3]. Auch eine allgemeine Einführung in die Theologie ist nicht beabsichtigt[4]. Eine Darstellung der Geschichte der universitären Unterrichtsformen mußte ebenso unterbleiben wie Ausführungen zur Lernpsychologie und -motivation[5], zu außerwissenschaftlich-praktischen Fragen des Studienbeginns – von der Wohnungssuche bis zum Stipendienwesen[6] – und des Einstiegs in den Beruf[7], schließlich konnte auch der Fragenkreis um die

---

[2] Fonck, Leopold: *Wissenschaftliches Arbeiten : Beiträge zur Methodik und Praxis des akademischen Studiums.* Innsbruck : Rauch, 1908. – [3]1926. - Immer noch ein lesenswertes Buch!

[3] Methodologische Einführungen werden ggf. im Abschnitt 14.8 bei den Einzelfächern genannt. Entwürfe, die die methodische Einheit der Theologie als ganzer zu bedenken suchen, sind insbesondere: Lonergan, Bernard J. F.: *Method in theology.* London : DLT, 1971; und in ganz anderer Weise: Pannenberg, Wolfhart: *Wissenschaftstheorie und Theologie.* Frankfurt a. M. : Suhrkamp, 1973.

[4] Solche Einführungen gibt es von verschiedenen Theologen unterschiedlicher Ausrichtung wie Karl Barth, Helmut Gollwitzer, Hans Grass, Bernhard Maurer, Gerhard Ebeling, Wolfgang Beinert, Peter Eicher (zu ermitteln etwa in den 14.4.1 genannten Buchhandelsverzeichnissen). In diesem Zusammenhang wären auch die von der Konzeption eines Einführungskurses nach dem Vaticanum II inspirierten Werke von Karl Rahner: *Grundkurs des Glaubens.* Freiburg i. Br. : Herder, 1976. - Sonderausgabe 1984; bis hin zu Medard Kehl: *Hinführung zum christlichen Glauben.* Mainz : Grünewald, 1984, zu vergleichen. Siehe auch Wiedenhofer, Siegfried: Einführung in die Theologie. In: ThRv 73 (1977), Sp. 365–374.

[5] Vgl. zu ersterem das in Anm. 2 genannte Werk von L. Fonck sowie Ghellinck, J. de: *Les exercices pratiques du „séminaire" en théologie.* Paris : DDB, [4]1948; Mitros, Joseph F.: *Religions.* Louvain : Nauwelaerts, 1973 (Philosophical question series 8), S. 14–61, mit umfangreicher Bibliographie S. 55 ff. – Zu Lerntechnik etc. bes. aus Anm. 1 Zielke und Dahmer, sowie Naef, Regula D.: *Rationeller Lernen lernen : Ratschläge und Übungen für alle Wißbegierigen.* Weinheim : Beltz, [10]1980 (Beltz Bibliothek 17).

[6] Dazu besonders Hülshoff (Anm. 1) und Henniger, Wolfgang (Hrsg.): *Uni-Start : Das Orientierungsbuch für den Studienanfänger.* Königstein i. Ts. : Athenäum, 1984.

[7] Hier wird man während des Studiums die entsprechenden Anlaufstellen ausma-

„Spiritualität" des Wissenschaftlers und Theologen nicht besprochen werden[8].

Die völlige Neubearbeitung des nunmehr seit zehn Jahren vorliegenden Buches erstreckt sich auf alle Teile: praktische Erfahrungen aus der Benutzerschulung im Bibliotheksbereich sind – sehr vorsichtig dosiert – ebenso berücksichtigt wie zwischenzeitlich erschienene DIN-Normen oder neue praktische Arbeitsmittel; die Literaturangaben im Abschnitt 14 wurden sowohl durch eine Auswahl aus vielen neuerschienenen Werken ersetzt oder ergänzt wie – durch Verweisung auf andere und umfassendere Hilfsmittel – wesentlich entlastet.

Großen Anteil an eventuellen Verbesserungen haben Kollegen und Freunde an der Theologischen Fakultät und der Universitätsbibliothek Freiburg i. Br. Ihnen sei diese Neubearbeitung gewidmet. Für seine Mitarbeit eigens danken möchte ich Dipl. Theol. Bernhard Krabbe. Bibliotheksdirektor i. K. G. Schwinge (Karlsruhe) und Oberbibliotheksrat Dr. S. Schwertner (Heidelberg) gaben mir freundlicherweise zu den Abschnitten 14 und 15 Auskünfte.

---

chen, die ja für Theologen zumeist im kirchlichen oder staatlichen (Schule) Bereich liegen. Bei der derzeitigen beruflichen Situation ist es jedenfalls sinnvoll, frühzeitig Informationen über interessierende Arbeitsfelder einzuholen, um sich ggf. auch durch Praktika usw. vorbereiten zu können, Beziehungen zu entsprechenden Institutionen anzuknüpfen u. a. m. Ganz allgemeine berufskundliche Informationen entnimmt man den *Blättern zur Berufskunde*. Bielefeld : Bertelsmann, die in Einzelheften erscheinen (Band 3 umfaßt die Hefte für Berufe mit Universitätsstudium). Das Anm. 1 angeführte Buch von Hülshoff enthält ein Kapitel „Der Start in den Beruf", das einschlägige Tips für den Berufsstart gibt, der aber seinerseits schon einen solchen Informationsprozeß voraussetzt.

[8] Vgl. etwa Gratry, Adolphe: *Die Quellen I : Ratschläge für die Ausbildung des Geistes.* Köln : Oratorium, 1925 (Der katholische Gedanke 14); Sertillanges, A.-D.: *La vie intellectuelle.* 60. Taus. Paris : Cerf, 1966 (Foi vivante 8). - dt. u. d. T.: *Das Leben des Geistes.* Mainz : Grünewald, 1951; Guitton, Jean: *Sagesse.* Bruges : DDB, 1971 (Guitton: Œuvres complètes). – Interessant sind auch vergleichbare Werke bedeutender Wissenschaftler wie Ramón y Cajal, Santiago: *Regeln und Ratschläge zur wissenschaftlichen Forschung.* München : Reinhard, [5]1964; Medawar, Peter B.: *Ratschläge für einen jungen Wissenschaftler.* München : Piper, 1984.

1 Bücher, Bibliotheken, Buchhandel

Die Klage des Predigers Kohelet: „Im übrigen, mein Sohn, laß dich warnen! Es nimmt kein Ende mit dem vielen Bücherschreiben, und viel Studieren ermüdet den Leib" (Koh 12, 12), ist zwar schon über zweitausend Jahre alt, aber aktueller denn je. Wissenschaftliches Arbeiten hat es weithin mit Büchern zu tun, und seine Produkte sind zumeist wiederum Druckwerke. Daher ist die Kenntnis der Institutionen, die Bücher archivieren, ausleihen oder verkaufen für das Studium wie für den Aufbau einer eigenen Bibliothek von Bedeutung.

1.1 Bibliotheken

Wer Theologie studiert, ist meist von Anfang an mit einem ganzen System von Bibliotheken konfrontiert, das zwar örtlich erheblich variiert, in Grundzügen aber (meist) übereinstimmt[9]. Da sind zunächst die *Fachbereichs-, Instituts-* oder *Seminarbibliotheken,* entweder als Fachbibliotheken für die gesamte Theologie oder als Spezialbibliotheken für einzelne

---

[9] Vgl. Krieg, Werner: *Einführung in die Bibliothekskunde.* Darmstadt : Wiss. Buchges., 1982, zur Geschichte, den Bibliothekstypen, Sammelgegenständen etc. mit Ratschlägen zur Benutzung; hierzu auch Kluth, Rolf: *Einführung in die Bibliotheksbenutzung.* Berlin : de Gruyter, 1971 (Sammlung Göschen 3004). – Bibliotheksadreßbücher vgl. in 14.2. – Zur allgemeinen Bibliothekslehre siehe Hacker, Rupert: *Bibliothekarisches Grundwissen.* München : Saur, [4]1983 (UTB 148). – Für den Gesamtbereich Buch, Buchhandel, Bibliothek usw. ist nützlich Hiller, Helmut: *Wörterbuch des Buches.* Frankfurt : Klostermann, [4]1980; umfassend das auf 5 Bde. geplante *Lexikon des gesamten Buchwesens* / Corsten, Severin (Hrsg.). Stuttgart : Hiersemann, [2]1985– .

Fächer. Sie bieten die Möglichkeit, an *einem* Ort die Literatur eines bestimmten Fachgebietes durchzuarbeiten. Sie haben im allgemeinen den Vorteil, daß sie Freihandbibliotheken sind – der Benutzer kann sich selbst am Regal „bedienen"– und dank systematischer Aufstellung einen guten Überblick über die Fachliteratur bieten. Sie sind *Präsenzbibliotheken,* wenngleich es fast überall zu bestimmten Zeiten oder in dringenden Ausnahmefällen Leihmöglichkeiten gibt.

In mehrfacher Weise werden sie durch die *Universitätsbibliothek* (UB) ergänzt. Oft hat diese zwar nur einen geringeren Freihandbestand (Nachschlagewerke, Bibliographien usw.), dafür ist aber die Möglichkeit der *Ausleihe* gegeben. Am besten informiert man sich gleich zu Studienbeginn oder nach einem Wechsel des Studienortes über die Formalia, die bei der Benutzung zu beachten sind (Benutzungsordnung, Öffnungszeiten, Leihfristen usw.). Eine Bibliotheksführung kann dabei hilfreich sein. Je eher man die „Schwellenangst" überwindet, desto besser; denn die Universitätsbibliotheken bieten dem Benutzer eine ganze Reihe von Informationen und Diensten an. Häufig erschließen sie katalogmäßig nicht nur die eigenen Bestände, sondern auch die Literatur sonstiger bibliothekarischer Einrichtungen am Ort (Gesamtkataloge). Überhaupt kann man sich hier Informationen holen über eventuell vorhandene weitere Fachbibliotheken, über Lehrbuchsammlungen, belletristisch ausgerichtete Sammlungen, Musikbibliotheken oder was sonst gesucht wird (Studentenbibliotheken, Stadtbibliotheken usw.[10]).

Obwohl die Universitätsbibliotheken im allgemeinen von sich aus bereits viel Informationsmaterial bereitstellen, sollte man die Auskunft mit Fragen nicht verschonen. Dies gilt für ganz allgemeine einschlägige Informationen, aber auch für fachliche Hilfestellung bei der Literaturermittlung, Erklärung von Katalogen und Bibliographien usw., wobei dies aber immer nur „Hilfe zur Selbsthilfe" sein kann.

---

[10] In vielen Fällen gibt es lokale Bibliotheksführer, z.B. *Tübinger Bibliotheken : Adressen- und Bestandsverzeichnis.* Tübingen : UB, [3]1977.

Über die Universitätsbibliothek ist der wissenschaftliche Benutzer an den *auswärtigen Leihverkehr* angeschlossen. Dadurch kann er sich am Ort nicht vorhandene Literatur beschaffen lassen. Da heutzutage keine deutsche Bibliothek mehr imstande ist, alle wichtige Literatur zu kaufen, hat die Deutsche Forschungsgemeinschaft (DFG) einen Sondersammelgebietsplan aufgestellt, der wenigstens schwerpunktmäßig die Anschaffung der international relevanten Literatur in der Bundesrepublik sichert. Für die Theologie hat die UB Tübingen diese Aufgabe übernommen[11]. Es ist allerdings letztlich im Interesse der Benutzer selbst, diesen stark belasteten Service der Fernleihe nur dann in Anspruch zu nehmen, wenn es wirklich unabdingbar ist.

Am Schluß dieses Hinweises auf die Nützlichkeit von Bibliotheken sei wenigstens noch erwähnt, daß sie vielfach noch weitere Serviceleistungen anbieten, z. B. technische Hilfen wie Kopiergeräte, Lesegeräte für Microfilme/-fiches, – daß sie nicht nur Bücher und Zeitschriften, sondern häufig auch Musikeinspielungen, Videokassetten usw. im Bestand haben, – daß sie eventuell besonders günstige Arbeitsmöglichkeiten (separierte Einzelarbeitsplätze u. a.) anbieten. – Hier sollte man sich konkret „vor Ort" die nötigen Informationen einholen.

Bei der Benutzung von Großbibliotheken ist es besonders wichtig, sich mit den *Bibliothekskatalogen* vertraut zu machen. Deshalb folgen hier noch einige konkrete Hinweise dazu.

Kataloge sind die Bestandverzeichnisse der Bibliotheken. Am häufigsten wird man den sogenannten *alphabetischen Katalog* benutzen. In ihm sind selbständig erschienene Schriften (also im allgemeinen keine Zeitschriftenaufsätze etc.) verzeichnet. Das richtige Suchen will aber überlegt sein. Dafür einige Tips:

---

[11] Sie veröffentlicht daher eine *Neuerwerbungsliste* und einen *Zeitschrifteninhaltsdienst Theologie* (vgl. 14.4.2); ähnlich die für die Philosophie zuständige UB Erlangen-Nürnberg (ebd.).

Man sieht unter dem *Namen* nach
1. bei Schriften von bis zu drei Verfassern;
2. wenn eine Schrift von vier oder mehr Verfassern einen Herausgeber hat, unter diesem;
3. wenn vier oder mehr Verfasser genannt sind, dann unter dem erstgenannten oder besonders hervorgehobenen Mitarbeiter.

Man muß unter dem *Titel* (genauer: *Sachtitel*) nachsehen,
4. wenn man bei 2. oder 3. keinen Erfolg hatte oder
5. wenn es sich um eine anonyme Schrift handelt.

Die genannten Tips gehen davon aus, daß es oft einfacher ist, unter dem Namen zu suchen. Auf folgende *Schwierigkeiten* bei der Suche unter *Personennamen* sei aber hingewiesen:
6. Zweifelsfälle sind im allgemeinen in den Katalogen durch Verweisungen gelöst: an der Stelle des Katalogs, auf die verwiesen wird, weitersuchen;
7. die klassischen (z. B. griechischen, biblischen) und mittelalterlichen Autoren sind im allgemeinen unter der lateinischen Namensform zu finden;
8. bei mittelalterlichen Autoren ist unter dem persönlichen Namen (Thomas de Aquino, nicht: Aquino, Thomas de) zu suchen; beim Übergang zur Neuzeit gibt es hier gelegentlich Unklarheiten, ob schon ein Familienname vorliegt;
9. Päpste werden unter dem Papstnamen verzeichnet;
10. Vornamen werden in älteren Katalogen gelegentlich „normalisiert" (*C*arl als *K*arl, z.B. Jung, Karl Gustav);
11. gleichnamige Autoren werden meist in *ein* Alphabet der Titel zusammengeordnet;
12. findet man eine Einzelschrift des Autors nicht unter seinen im Katalog alphabetisch sortierten Titeln, so denke man daran, daß sie in einer Werkausgabe oder Sammlung von Einzelschriften enthalten sein kann, die nach den Katalogregeln vor den Einzelschriften unter einem fingierten Titel („Werke", „Sammlung" o. ä.) eingelegt wird.

Schwierigkeiten bei der Suche unter dem *Sachtitel* können besonders dann entstehen, wenn

13. in älteren Katalogen nach den sogenannten „Preußischen Instruktionen“ die Titel nach einem grammatikalischen Ordnungsschema alphabetisch sortiert werden und unter dem „regierenden Substantiv“ (meist das erste Substantiv im Nominativ) eingeordnet werden („Evangelische Theologie“ also als „Theologie Evangelische“); die Regeln sind relativ kompliziert, so daß hier nur der Hinweis auf das Problem gegeben werden kann[12];
14. antikes Schrifttum lateinisch angesetzt wird: Biblia; Testamentum vetus usw.

Bei Katalogen nach den neueren „Regeln für die alphabetische Katalogisierung“ (RAK) gibt es noch eine weitere Möglichkeit der Einordnung: unter dem *körperschaftlichen Urheber.* Dabei kann es sich um Gesellschaften, Gebietskörperschaften, Firmen usw. handeln. Bei Titeln, die formal und insofern nichtssagend sind, wie „Jahresbericht“, „Informationen“ usw., muß man also
15. unter dem körperschaftlichen Urheber suchen, z. B.: Erzdiözese (Freiburg, Breisgau): Informationen; oder: Freiburg (Breisgau, Landkreis): Verwaltungs- und Rechenschaftsbericht.

Es ist wichtig, sich genau zu erkundigen, welche alphabetischen Kataloge in den Bibliotheken, die man benutzt, vorhanden sind, da manchmal Sonderkataloge für bestimmte Gattungen (Zeitschriften, Reihen, Dissertationen) oder Bestände (Teilkataloge, aber auch Gesamtkataloge der Universität) angelegt sind. Hinsichtlich der verwendeten Regeln – die unterschiedlich sein können – konsultiere man die Auskunftsmittel der Bibliothek.

Während die alphabetischen Kataloge heranzuziehen sind, wenn man ein Buch sucht, dessen Titel bekannt ist, sind die *Sachkataloge* bei der Suche von Literatur zu einem bestimm-

---

[12] Grundlegend hierzu Haller, Klaus: *Katalogkunde : Formalkataloge und formale Ordnungsmethoden.* München : Saur, 1980; vgl. auch Krieg, Kluth und Hakker (Anm. 9). Nützlicher für die konkrete Katalogbenutzung sind allerdings meist die Merkblätter und Hinweise der betreffenden Bibliothek selbst.

ten Thema zu konsultieren. Es gibt verschiedene Arten solcher Kataloge: *Schlagwortkataloge* verzeichnen in alphabetischer Reihenfolge die Literatur unter einem Sachbegriff, der den Inhalt des Buches charakterisiert; sie sind sehr angenehm zu benutzen; ihre Tücken und Nachteile liegen aber darin, daß man ggf. an Synonyme denken und ausprobieren (bzw. erfragen) muß, ob „enge" oder „weite" Schlagwörter der Verzeichnung zugrundeliegen; schließlich reißen sie zusammengehörige Materialien nach dem Zufall des Alphabets auseinander: durch systematische Schlagwortübersichten (Thesauri) läßt sich dem Mangel zwar abhelfen, doch ist das häufig nicht gegeben. *Systematische Kataloge* lassen Zusammengehöriges beieinander, indem sie nach einem Fachschema ordnen (z. B. der Dezimalklassifikation; vgl. 7.4). Der Benutzer muß sich aber klarmachen – anhand der Beschriftungen, der Leitkarten im Katalog oder anhand von systematischen Übersichten –, wie die Systematik angelegt ist. Durch alphabetische Schlagwortregister wird ihm aber vielfach der Einstieg erleichtert. Es gibt im übrigen noch einige Mischformen von Sachkatalogen: Über deren Theorie kann man sich leicht informieren[13]. Wesentlich wichtiger für die Bibliotheksbenutzung ist es jedoch, sich die in den benutzen Bibliotheken vorhandenen Kataloge konkret anzusehen.

1.2 Buchhandel, Antiquariatsbuchhandel

Durch intensive Nutzung von Bibliotheken kann man sich zwar alle für das Studium notwendige Literatur beschaffen, doch ist es häufig nützlich, wenn man sich selbst eine kleine, ausgewählte Fachbibliothek aufgebaut hat – zum Beispiel bei Prüfungsvorbereitungen, wenn wichtige Bücher auch von anderen benötigt werden, oder in der späteren Berufspraxis.

---

[13] Vgl. Roloff, Heinrich: *Lehrbuch der Sachkatalogisierung*. München : Verl. Dokumentation, ^{4}1976.

Der *Buchhandel*[14] geht dem Interessenten hierbei kaufmännisch und – in Grenzen – auch mit Sachinformationen zur Hand. Im „Verzeichnis lieferbarer Bücher" kann man sich schon eine erste bibliographische Information über lieferbare Monographien, Werkausgaben und Sekundärliteratur holen[15]. Da der deutsche Buchhandel auf der Grundlage der Preisbindung letzter Hand arbeitet, sind die Möglichkeiten preisgünstigeren Bücherkaufs beschränkt. Die Entwicklung zum wissenschaftlichen *Taschenbuch* bietet wenigstens eine Chance. Die Prospekte der großen Taschenbuchverlage informieren hierzu am aktuellsten.

Buchclubs sind für wissenschaftliche Literatur im allgemeinen nicht so ergiebig. Eine Ausnahme ist die „Wissenschaftliche Buchgesellschaft". Sie wurde 1949 mit dem Ziel gegründet, Nachdrucke des durch Kriegseinwirkungen zerstörten wissenschaftlichen Schrifttums herauszubringen und bedeutende neue wissenschaftliche Bücher anzuregen, zu verlegen und den Mitgliedern zu günstigen Preisen anzubieten. Heute ist die letztere Aufgabe das Hauptgebiet ihrer Arbeit. Es empfiehlt sich, den Katalog der Wissenschaftlichen Buchgesellschaft aufmerksam durchzusehen[16].

Häufig sind gerade ältere, inzwischen vergriffene Bücher von wissenschaftlichem Interesse. Hier liegt die Aufgabe des *Antiquariatsbuchhandels.* Antiquariate kaufen ganze Biblio-

---

[14] Lehrbücher für die drei Sparten des Buchhandels sind Uhlig, Friedrich: *Der Sortimentsbuchhändler /* Uhlig, Christian (Bearb.). Hamburg: Hauswedell, [18]1978; Wendt, Bernhard: *Der Antiquariatsbuchhandel.* Hamburg: Hauswedell, [3]1974; Wendt, Bernhard: *Der Verlagsbuchhändler.* Hamburg: Hauswedell, 1980. Für den Theologen sind in vielen Fällen auch die Arbeitsmittel des konfessionellen Buchhandels interessant (vgl. 14.4.1); zur Geschichte vgl. *Der katholische Buchhandel Deutschlands : seine Geschichte bis zum Jahre 1967.* Frankfurt : Vereinigung des kath. Buchhandels, 1967; Ruprecht, G.: Buchhandel, ev. In: EKL[1] I, Sp. 602–605 (Lit.); Heidsieck, P.: Livre religieux. In: Cath. VII, Sp. 909–921.

[15] *Verzeichnis lieferbarer Bücher.* Frankfurt: Buchhändler-Vereinigung, 1971– . – Jährlich; besteht derzeit aus einem 4bdgn. Autoren-/Titel-/Stichwortverzeichnis und einem 3bdgn. Schlagwortverzeichnis; darin ist ein Verlagsregister; dazu kommen Ergänzungen (ISBN-Register etc.).

[16] Und zwar den Jahreskatalog für *Mitglieder,* anzufordern bei der Wissenschaftlichen Buchgesellschaft, Postf. 1129, 6100 Darmstadt.

theken wie Einzelwerke und bieten diese wiederum an. Häufig werden die Angebote in Listen verzeichnet, die auf Wunsch zugesandt werden. Hierbei gibt es keine Preisbindung. Die Preisgestaltung unterliegt den Schwankungen des Markts; auch ist das Preisniveau bei verschiedenen Antiquariaten sehr unterschiedlich. Von Studienkollegen wird man vielleicht Hinweise auf Antiquariate am Studienort erhalten. Es lohnt sich aber durchaus, darüber hinaus noch einige Fachantiquariate anzuschreiben und um die unverbindliche Zusendung ihrer Listen zu bitten. Das Mitgliederverzeichnis des Verbandes Deutscher Antiquare nennt eine ganze Anzahl solcher Fachantiquariate für Theologie, Philosophie und Geisteswissenschaften in seinem systematischen Register[17].

Eine Sonderform des Buchhandels ist das sogenannte *moderne Antiquariat.* Hier werden Restauflagen verschiedenartigster Werke, zum Teil aber auch eigens gedruckte Lizenzausgaben zu Billigpreisen „verschleudert". Viele Buchhandlungen betreiben nebenbei ein solches modernes Antiquariat. Einige Versandbuchhandlungen haben sich sogar mehr oder weniger darauf spezialisiert. Bei Remittenden verlagsneuer Bücher ist ein Abzug von ca. 30% vom Neupreis üblich.

---

[17] Verband Deutscher Antiquare: *Mitgliederverzeichnis.* Stand vom 1. Juli 1981. Glashütten i. Ts.: [Zum Talblick 2]: Verb. dt. Antiquare, 1981; weitere Antiquariate in: *Das kleine Antiquariatsbrevier.* Frankfurt a. M. [Postf. 180322]: Verlagsges. Frankfurt a. M., 1982. Weiteres bei Wendt: *Der Antiquariatsbuchhandel* (Anm. 14). Zum internationalen Antiquariatsbuchhandel vgl. *Répertoire international de la librairie ancienne.* Paris: Ligue internationale de la librairie ancienne, 1980.

2 Fachbücher und Fachzeitschriften

Die folgenden Abschnitte wollen helfen, einen kleinen Weg durch den Wald theologischer Literatur zu schlagen, indem sie mit einigen wichtigen Literaturgattungen vertraut machen, die z. T. ihrerseits Hinweise auf weitere Literatur geben, einen fachlichen Überblick vermitteln oder aber als Hilfsmittel unentbehrlich sind. Genauere bibliographische Hinweise zu solchen Werken gibt Abschnitt 14.

2.1 Enzyklopädien, Lexika

In vielen Fällen sollte man es nicht als unwissenschaftlich ansehen, sich die erste Information aus einer allgemeinen Enzyklopädie, einem Konversationslexikon zu verschaffen, etwa dem „Brockhaus“, dem „Meyer“ oder der englischsprachigen „New Encyclopaedia Britannica“ (vgl. 14.6.1). Es ist nützlich, ein solches Informationsmittel in seinem eigenen Bücherregal ständig zur Verfügung zu haben. Die relativ preiswerten Taschenbuchenzyklopädien, z.B. der dtv-Brockhaus, bieten eine solche Möglichkeit.

Seit dem 19. Jahrhundert gibt es aber auch Spezialenzyklopädien, die das ganze Fach Theologie lexikalisch abhandeln. Die neueren deutschen Werke dieser Art (LThK^2, SM, TRE, EKL^3, RGG^3) wird man bald kennen. Bei einiger Beherrschung von Fremdsprachen sollte man sich aber gelegentlich auch die Lektüre eines fremdsprachigen Lexikonartikels zutrauen. Manche große Enzyklopädie (wie etwa das DThC in vielen Artikeln) lohnt die Mehrarbeit durch umfangreichere

Information, durch den Abdruck von Quellentexten, die man anderenfalls erst wieder eigens suchen müßte u. a. m. Auch ältere Werke sind häufig nützlich (etwa WWKL oder RE). Sie bieten oft Informationen, z. B. zur Geschichte der Zeit, die spätere Werke aus Raumgründen wieder streichen mußten, enthalten häufig wissenschaftsgeschichtlich wichtige Texte und sind in ihren geschichtlichen wie systematischen Aussagen durchaus nicht immer überholt. – Lexika haben die Eigenart, daß man ihre Schwächen und Stärken nur im Gebrauch kennenlernt, am besten durch Vergleich. Die Lesesäle der großen Bibliotheken bieten hierzu die Möglichkeit.

Die Kenntnis der neuen und gebräuchlichen theologischen Allgemeinenzyklopädien gehört zum Grundwissen des Theologiestudenten. Fachlexika spezieller theologischer Disziplinen sind dagegen oft zu wenig bekannt. Dabei bieten gerade sie Spezialinformationen, die man vielfach anderswo kaum finden kann – jedenfalls als Nichtspezialist. Im Abschnitt 14.6 werden solche Werke genannt. Ein vertieftes Studium setzt ihre Benutzung voraus, und zwar über die wenigen berühmten Exempel der Gattung hinaus, deren Kenntnis kein Student vermeiden kann (wie etwa ThWNT oder RAC). Im übrigen lohnt es sich, seinen Spürsinn – je nach Interesse – auch auf andere Fachgebiete auszudehnen. Die verschiedenen Artikel zu theologischen Themen beispielsweise in dem RDK (etwa „Eucharistie") werden sicher nicht aus sachlichen Gründen in theologischen Arbeiten so wenig beachtet.

Während des Studiums werden sich nur wenige diese großen Standardwerke leisten können; empfehlenswert sind durchaus auch die Taschenbuchlexika HTTL und TRT. Hilfswörterbücher wie das „Theologische Fach- und Fremdwörterbuch" (14.6.21) oder das „Kleine theologische Wörterbuch" von K. Rahner und H. Vorgrimler (14.6.10) sollte man sich aber möglichst zulegen.

2.2 Fachhandbücher

Bieten sich Lexika zur schnellen Information an, häufig auch zur Vertiefung einer speziellen Fragestellung, so ist es doch schwer – wenngleich mittels der den meisten Lexika beigegebenen Register nicht unmöglich –, sich den Gesamtaufbau, die systematische Gliederung, die Methodik und Geschichte eines Fachs aus Lexikonartikeln klarzumachen. Dies ermöglichen Fachhandbücher. Sie bieten – je nach der besonderen Situation einer Disziplin – einen Überblick über den Wissensbestand. Ihre Zielsetzung kann dabei differieren, je nachdem, ob ein geraffter Gesamtüberblick für Studierende (Lehrbuch) geboten sein soll oder eine wissenschaftlich umfassende Gesamtdarstellung. Beides schließt sich nicht unbedingt aus. Die Liste in Abschnitt 14.8 ist aber vor allem unter dem letztgenannten Gesichtspunkt zusammengestellt.

Ob eine theologische Disziplin[18] sich befriedigend in einem Fachhandbuch repräsentiert fühlen kann, hängt natürlich von vielen Voraussetzungen ab: Ein Fach, das sich aus methodischen oder inhaltlichen Gründen im Umbruch befindet, kann kaum befriedigend dargestellt werden. Handbücher systematischer Fächer sind stark von vorausgegangenen wissenschaftstheoretischen Vorentscheidungen geprägt, die keine allgemeine Akzeptanz erreichen usw. Aber abgesehen von all diesen Schwierigkeiten bleiben auch Werke, die in manchem als unzureichend empfunden werden, häufig eine wichtige Informationsquelle, und sei es nur, weil sie eine klassisch gewordene und dadurch in vielem bestimmende Fragestellung

---

[18] Zum Fächerkanon der Theologie vgl. KONGREGATION FÜR DAS KATHOLISCHE BILDUNGSWESEN: *Grundordnung für die Ausbildung der Priester* / ARENS, A; SCHMITZ, H. (Hrsg.). Trier: Paulinus, 1974 (Nachkonziliare Dokumentation 25). Die Liste Abschnitt 14.8 legt den faktischen Fächerbestand der theologischen Fakultäten in der Bundesrepublik Deutschland zugrunde. Zur Frage des Rechts und der sachlichen Notwendigkeit der fachlichen Ausgliederungen innerhalb der Theologie überhaupt vgl. PANNENBERG (Anm. 3), S. 349 ff.; EBELING, Gerhard: *Studium der Theologie : eine enzyklopädische Orientierung.* Tübingen : Mohr, 1975 (UTB 446).

repräsentieren oder als bibliographische Sammelwerke weiterhin von Bedeutung sind.

Sobald man das Studium eines bestimmten theologischen Fachs aufnimmt, sollte man sich auch die hervorragendsten Handbücher ansehen. Ein Werk davon sollte man möglichst – ggf. vorlesungsbegleitend – durcharbeiten. Hier kann man sich dann auch leicht die „technischen“ Informationen beschaffen, die in der Vorlesung vielleicht nicht gegeben werden, da sie dort als selbstverständlich vorausgesetzt werden.

2.3 Hilfsbücher

Zu den verschiedensten Arbeitsgängen gibt es neben den Handbüchern verschiedenartige Hilfsbücher, auf die wegen ihrer Vielfalt hier nur relativ global hingewiesen werden kann. Dazu gehören *Einleitungen* in Fächer, Problemgebiete oder Autoren, *content-books*, die Inhaltswiedergaben zur schnelleren Übersicht bieten (vgl. KLL oder O. Weber: Karl Barths Kirchliche Dogmatik. ^{10}1984), *Konkordanzen*, die im Zeitalter des Computers in immer größerer Zahl zu den verschiedenartigsten Quellen erstellt werden (z. B. zum CChr), *synoptische Tabellen* und *Zeittafeln*, *Atlanten* (vgl. 14.10) und diverse *Sprach-* und sonstige *Spezialwörterbücher*. Der Abschnitt über die Grundliteratur der Einzelfächer (14.8) versucht dazu Hinweise zu geben. Das große Gebiet der *Bibliographie*, das im Abschnitt 3 im Zusammenhang eines eigenen Arbeitsschritts besprochen wird, könnte auch hier eingegliedert werden. Dazu kommen heutzutage noch *Medienangebote*, z. B. Folienatlanten zu historischen, geographischen, ikonographischen Sachverhalten für die Tageslichtprojektion usw.; doch überschreiten wir hier schon das Gebiet des Fach*buchs*.

2.4 *Hochschulschriften*

Eine bibliographische Sondergattung bilden die Universitätsschriften. Gemeint sind damit die Prüfungsarbeiten, die zum Erwerb qualifizierter Universitätsgrade (Dr., Dr. habil.) vorgelegt werden müssen. Man findet sie – soweit sie nicht im Buchhandel erschienen sind – häufig nur in Spezialbibliographien oder -katalogen (vgl. 14.1.6). Da es sich um Monographien zu den verschiedensten Themen handelt, können wir hier keine inhaltlichen Beschreibungen geben. Wegen einer Besonderheit sollten sie aber eigens genannt werden: Im allgemeinen enthalten diese Arbeiten Spezialbibliographien, und schon aus diesem Grund sollte man eventuell vorliegende Dissertationen zu einem bestimmten Thema berücksichtigen, selbst wenn sie ansonsten in der wissenschaftlichen Kritik arg zerzaust werden (vgl. auch noch 9.3, 12.9 und 13.5).

2.5 *Textausgaben, Quelleneditionen*

Bei Textinterpretationen, wie sie in den meisten theologischen Disziplinen vorkommen, ist man auf die Benutzung von Editionen angewiesen. Es ist wichtig, daß man sich dabei – falls vorhanden – auf kritische Ausgaben stützt. Die kritischen Ausgaben drucken den „besten Text" eines Werkes ab und geben in einem „kritischen Apparat"– meist in Form von Fußnoten – gleichzeitig die Abweichungen der anderen überlieferten Fassungen an. Besonders schwierig ist dies immer dann, wenn dabei eine lange handschriftliche Überlieferung rekonstruiert und in ihren Abweichungen erklärt werden muß.

Da jeder Theologe mit dem griechischen Urtext des Neuen Testaments umgehen muß, ist dieses Beispiel wohl am aufschlußreichsten für die Probleme der Textkritik. Man schätzt in der neueren Textforschung, daß etwa 250000 Varianten in der handschriftlichen Überlieferung des Neuen Testaments bekannt sind. Die neutestamentliche Textkritik ist daher ein eigener Wissenschaftszweig geworden. Im theologischen Alltag wird man ihre Ergebnisse in der kritischen Handausgabe von K. Aland (vormals Nestle, vgl. 14.7.1) benutzen, die jeder Theologiestudent besitzen sollte. Wichtig ist, daß man sich mit der textkritischen Methode und mit der Darbietung von deren Ergebnissen im „kritischen Apparat" vertraut macht. Neben den entsprechenden Lehrbüchern sind (Pro-)Seminare in neutestamentlicher Exegese der einfachste Weg dahin.

Verständlicherweise ist aber auch die patristische Forschung besonders auf derartige Editionen angewiesen, und es ist eine Grundregel, daß man bei Interpretationen solche kritischen Ausgaben den unkritischen Nachdrucken vorzieht, wie sie etwa in den – auf ihre Weise verdienstvollen und teils immer noch unentbehrlichen – Sammlungen des Abbé Migne (PL und PG) vorliegen. Die großen neueren Editionsreihen von Kirchenväter-Schriften (CChr, GCS, CSEL usw.) bieten derartige Ausgaben. Die Handbücher der Patrologie und entsprechende, 14.8.3 genannte Verzeichnisse informieren darüber. Es versteht sich, daß grundsätzlich jedes wichtige Werk textkritisch ediert werden kann. Für manche mittelalterliche Theologen erscheinen solche Ausgaben (vgl. z. B. CChr.CM), aber auch für Werke einiger neuzeitlicher Philosophen und Theologen bis ins 19. Jahrhundert hinein (z. B. Pascal, Fichte, Hegel, Schleiermacher, Nietzsche u. a.). Auch hier kann man in den Fachhandbüchern weitere Auskünfte einholen.

In anderen Fällen, wo die Textlage nicht so kompliziert ist und der Aufwand einer kritischen Edition aus diesen oder anderen Gründen nicht so wichtig ist, gibt es wissenschaftliche Ausgaben, die wenigstens den besten Drucktext wiedergeben wollen und eventuell noch Zusätze aus Handexemplaren des Verfassers oder auch kommentierende Anmerkungen beifügen - man vgl. z. B. die Gesammelten Schriften von M. J. Scheeben oder die Neuausgabe der Dogmatik von H. Schell. Auch solche Editionen verdienen einen Vorrang in der Benutzung.

Für manche Teilgebiete der Theologie gibt es daneben noch handliche Quellenanthologien – wir wollen sie hier unter dem Namen „Enchiridia", den einige von ihnen im Titel tragen, zusammenfassen. Sie dienen praktischen Zwecken und wollen den in einem bestimmten theologischen Fach Tätigen die wichtigsten (theologiegeschichtlichen, lehramtlichen o.ä.) Quellentexte leicht zugänglich und zitierbar machen. Der für den katholischen Dogmatiker unentbehrliche „Denzinger" (DS) ist wohl das bekannteste derartige „Enchiridion"[19]. Da diese Hilfsmittel meist zum Gebrauch eines spezifischen theologischen Faches konzipiert sind, führen wir sie ggf. in Abschnitt 14.8 auf.

2.6 Fachzeitschriften

Über die Aufgaben der wissenschaftlichen Zeitschriften kann man allerhand aus ihrer Geschichte lernen[20]: wie sie aus dem Informationsbedürfnis der gelehrten Welt entstanden, wie sie – im theologischen Bereich – zunächst eine apologetische Ausrichtung hatten, welche spezifisch wissenschaftlichen oder kulturellen Aufgaben ihnen zukamen usw. Aber auch wenn man an solcher historischer Forschung uninteressiert ist, kommt man nicht an der Aufgabe vorbei, die Fülle des Angebots zu gliedern. Ein Blick in die entsprechende Sparte von „Ulrich's international periodicals directory" (14.1.4) zeigt, wie unübersehbar die Titelmenge inzwischen geworden ist. Will man sich nun die verschiedenen Gattungen und damit Funktionen theologischer Periodica klarmachen, so kann vielleicht das folgende Schema dazu eine erste Hilfe bieten. Aller-

---

[19] Zur Problematik solcher Auszüge und zur richtigen Benutzung vgl. z.B. CONGAR, Yves: Über den rechten Gebrauch des „Denzinger". In: DERS.: *Situation und Aufgabe der Theologie heute.* Paderborn: Schöningh, 1971, S. 125–150; neustens BEINERT, Wolfgang: *Dogmatik studieren.* Regensburg: Pustet, 1985, S. 179–197; zur Geschichte vgl. SCHUMACHER, Josef: *Der „Denzinger".* Freiburg i. Br.: Herder, 1974 (FThSt 95).

[20] Zu den theologischen Zeitschriften speziell vgl. WERBECK, W.; SCHLETTE, H. R.: Zeitschriften, wissenschaftlich-theologische. In: RGG³ VI, Sp. 1885–1891; allerdings sind die Informationen über die Frühzeit der kath. theol. Zeitschriften hier unzureichend bzw. falsch: Die älteste wissenschaftlich-theologische Zeitschrift auf katholischer Seite war wohl die von Engelbert KLÜPFEL herausgegebene *Bibliotheca nova ecclesiastica Friburgensis* (1775-90).

dings erhalten die Einteilungen erst durch den aktuellen Umgang mit den Zeitschriften in einer Bibliothek wirkliche Aussage-und Gliederungskraft.

Wir gehen zunächst von der *Funktion* theologischer Zeitschriften aus. Dabei ergibt sich folgende Einteilung:

1. Bibliographische Organe (vgl.14.4.2). Sie reichen von bloßen in sich gegliederten Titellisten bis zu solchen bibliographischen Werken, die kurze „Annotationen" zu dem gesammelten Titelmaterial bieten.

2. Abstracts (z.B. OTAb, NTAb). Sie sind eine konsequente Weiterführung der „annotierten Bibliographie": Den angezeigten Titeln werden jeweils kurze Inhaltsangaben beigegeben. Sie stammen oft vom Verfasser des angezeigten Werks selbst. Ihr Sinn ist es, den Lesern die Auswahl unter den möglicherweise interessanten Werken zu erleichtern.

3. Rezensionszeitschriften. Diese bilden eine folgerichtige Ergänzung zu den beiden erstgenannten Gruppen, indem sie mehr oder weniger ausführliche und kritische Beurteilungen der angezeigten Werke bieten. Es können dabei Einzelwerke jeweils für sich besprochen (vgl. ThLZ, ThRv) oder in Forschungsberichten verschiedene Neuerscheinungen eines bestimmten Fachgebietes zusammenfassend behandelt werden (vgl. ThR, VF). Rezensionen finden sich aber auch in den meisten theologischen Fachzeitschriften.

4. Nachrichtendienste (KNA, epd). Diese haben nicht nur ihren Sinn darin, der Tages- und Wochenpresse Informationen anzubieten, sondern sie sind auch heranzuziehen, wenn es darum geht, aktuelle kirchliche und gelegentlich auch (im speziellen Sinn) theologische Informationen schnell zu erhalten.

5. Materialdienste (HerKorr, EK). Wegen ihrer selteneren (meist monatlichen) Erscheinungsweise stehen sie gegenüber den Nachrichtendiensten im Verzug, bieten dafür aber häufig gute Zusammenfassungen bestimmter Ereignisse, Kommentare, Interviews mit wichtigen Informationen usw.

6. Übersichtszeitschriften (TGA, ThD). Diese wollen nach dem „Digest"-Prinzip, also häufig durch Übernahme und Bearbeitung von bereits anderswo erschienenen Artikeln, eine

Übersicht über Bewegungen und „Trends" in Theologie und Kirche geben. Die Gruppe ist natürlich nur schwer abzugrenzen, da einerseits die Materialdienste häufig Ähnliches bieten, anderseits auch Forschungsberichte diesen Dienst leisten können. Doch legen erstere – grob gesagt – daneben besonderes Gewicht auf „institutionelle" Fragen, historische Ereignisse usw., letztere sind dagegen spezialisierter und literaturbezogener.

7. Kultur-, Bildungszeitschriften (StZ). Gemeint sind solche Organe, die einer breiteren („gebildeten") Schicht eine Übersicht über das geistige und theologische Leben geben wollen. Es gibt solche Zeitschriften natürlich nicht nur mit theologischer Ausrichtung (vgl. z. B. Merkur, Neue Rundschau).

8. Berufs- und Standeszeitschriften (KlBl, Ordenskorrespondenz). Hierunter fallen diejenigen Zeitschriften, die dem „Praktiker", sei er Pfarrer, Religionslehrer o. ä., Informationen aus Theologie und Kirche unter spezieller Berücksichtigung seiner Berufstätigkeit und seines Standes bieten wollen.

9. Theologisch-wissenschaftliche Fachzeitschriften im speziellen Sinne. Gemeint sind hiermit solche Zeitschriften, die nicht der bloßen Information dienen (wie die Gruppen 1-3 und in anderer Weise 4-6), Fragen des allgemeinen geistigen (7) oder beruflichen (8) Lebens behandeln, sondern sich spezifisch der wissenschaftlichen Fragestellung zuwenden. Damit ist natürlich nicht ausgeschlossen, daß Artikel dieser Art sich auch in den anderen Genera finden. - Diese neunte Gruppe läßt sich nun nochmals in Zeitschriften untergliedern, die das Gesamtgebiet der Theologie (a-c) oder eine einzelne Disziplin bzw. noch eingeschränktere Gebiete behandeln. Gewisse Untergliederungen in der ersten Gruppe ergeben sich aus institutionellen Gesichtspunkten, indem wir nach den Trägern dieser Zeitschriften fragen:

a) Fakultätszeitschriften (TThZ, ThGl). Diese behandeln den Gesamtbereich der Theologie, wie er sich in der Organisation einer theologischen Fakultät zeigt. In der Ausrichtung dieser Zeitschriften gibt es Unterschiede, je nachdem, wieweit man neben „streng wissenschaftlichen" Aufsätzen auch solche zuläßt, die im guten Sinne „vulgarisierend“ sein wollen. Wie sehr sich diese Differenzierungen sogar in den verschiedenen Etappen einer einzigen Fakultätszeitschrift spiegeln können, zeigt die älteste von ihnen, die ThQ.

b) Ordenszeitschriften (WiWei). Gemeint sind hier wissenschaftliche Zeitschriften, die von Orden getragen werden und den Gesamtbereich der Theologie behandeln. Sie ähneln den Fakultätszeitschriften, da sie häufig von bestimmten Ordenshochschulen herausgegeben werden, und sind zu unterscheiden von den Zeitschriften, die sich den Standesfragen und der Spiritualität des Ordenslebens widmen sowie den Spezialorganen für Ordensgeschichte. Die Besonderheit gegenüber den Fakultätszeitschriften liegt darin, daß die Spiritualität und theologische Herkunft bestimmter Orden u. U. ihre gegenwärtige Theologie mitbestimmen.

c) Zeitschriften bestimmter *Gruppen oder Schulen*. Musterbeispiel hierfür ist „Zwischen den Zeiten“, die Zeitschrift der „dialektischen Theologie“ um Karl Barth. – Bislang waren diese Zeitschriften eher eine Spezialität evangelischer Theologie. Vielleicht ist aber die IKaZ in einer lockeren Weise hier einzureihen. Kennzeichnend für diese Zeitschriften ist, daß hier das Gesamtgebiet der Theologie nicht aufgrund einer vorgegebenen institutionellen Struktur, sondern aufgrund einer theologischen Programmatik, die sich ihre „Institution“ schafft, behandelt wird.

d) Zeitschriften einzelner Fächer (ZNW, ZAW, Biblica), *Fachgebiete* (Aug[L], AHC), *Fachinstitute* (JCSW) usw. Hierher gehören alle speziell exegetischen, speziell kirchengeschichtlichen, speziell missionswissenschaftlichen usw. Zeitschriften. Der Ordnungsgesichtspunkt ist die fachliche Abgrenzung, die eventuell auf der Grundlage einer Institution (Fachinstitut) beruhen kann. Damit ergeben sich natürlich nochmals so viele Untergliederungen, wie man – mit oder ohne ausreichenden sachlichen Grund – Spezialdisziplinen der Theologie abtrennen kann.

Randunschärfen der einzelnen Punkte zeigen, daß man immer weiter differenzieren könnte. Für ein grobes Sichzurechtfinden dürfte aber die durchgeführte Unterteilung ausreichend sein.

Der Umgang mit Zeitschriften zeigt, daß es in den meisten Fällen (abgesehen von den Spezialaufgaben gewidmeten Organen der Gruppen 1–4) eine *Übereinstimmung im Aufbau* gibt. Im allgemeinen enthalten sie zunächst größere Aufsätze, dann kürzere Berichte und Glossen und fast durchweg einen Rezensionenanhang. Gegenüber Büchern haben sie den Vorteil einer etwas größeren Aktualität und Diskussionsoffenheit. Sie sind somit das ideale Forum für die Behandlung von „quaestiones disputatae".

Wegen der großen Zahl theologischer Zeitschriften wird im Literaturteil dieses Buches nicht erst der Versuch unternommen, Titel zu nennen. Die allgemeinen Zeitschriftenbibliographien helfen hier weiter (14.1.4). Anhand des „Zeitschrifteninhaltsdienstes" aus Tübingen (14.4.2) kann man sich einen Eindruck von den wichtigsten Titeln verschaffen, den man dann an der Zeitschriftenauslage einer Bibliothek konkretisieren sollte! – Wie man die Zeitschriften inhaltlich erschließt, ist u. a. Thema des nächsten Abschnitts.

3 Literaturermittlung

Das erste gedruckte theologische bibliographische Werk ist nicht viel jünger als die Erfindung des Buchdrucks: Im Jahre 1494 publizierte Johann Trittenheim seinen „Liber de scriptoribus ecclesiasticis“. Bibliographische Arbeit in der Theologie beruht also auf einer langen Tradition, und die Vielfalt der Hilfsmittel zu kennen, kann für jegliches Studium nur nützlich sein. Die Literatursuche zu einem bestimmten und eingeschränkten Thema beginnt in der Regel allerdings nicht 1494, sondern spielt sich sehr viel einfacher ab[21]. Doch bevor hier etwas zur Praxis gesagt werden kann, sind einige Vorüberlegungen terminologischer Art und verschiedene Hinweise nötig.

3.1 Bibliographien

Bibliographien[22] sind bloße Schrifttumsverzeichnisse, im Gegensatz zu Bibliothekskatalogen, die Bestandsverzeichnisse sind. Wir müssen unterscheiden zwischen *allgemeinen* und *fachbezogenen* Bibliographien, nach der Erscheinungsart zwischen *abgeschlossenen* (einen bestimmten Zeitraum retrospektiv erfassenden) und *laufenden* (periodisch immer wieder die

---

[21] Systematisch angelegt und grundlegend hierzu ist das Buch von Gerhard SCHWINGE: *Wie finde ich theologische Literatur?* Berlin : Berlin Verl., ²1983 (Orientierungshilfen 16).

[22] Die beste Einführung in den Gesamtbereich der Bibliographie (Ordnungsverfahren, Typologie, Benutzung usw.) ist BARTSCH, Eberhard: *Die Bibliographie.* München : Saur, 1979 (UTB 948). Dort finden sich Hinweise zu den einzelnen wesentlichen Gattungen (z. B. Nationalbibliographien: S. 90 ff.).

Neuerscheinungen verzeichnenden) Bibliographien. Periodische Bibliographien werden häufig in bestimmten Zeitabständen wiederum zusammengefaßt (*kumulierende* Bibliographie). Nach der äußeren Form kann man noch zwischen *selbständigen* und *versteckten* Bibliographien unterscheiden: Erstere erscheinen als Bücher, Hefte oder in Karteiform bzw. als Microfiche, letztere als Buchanhänge, Einschübe, Kapitelnachträge o.ä. innerhalb anderer Werke (z.B. in Handbüchern; Personalbibliographien häufig in Festschriften usw.).

Wenden wir uns zunächst den *Allgemeinbibliographien* zu: Den Gesamtbestand der Literatur eines Landes (manchmal auch: eines Sprachraumes) verzeichnen die sogenannten *Nationalbibliographien*, die im allgemeinen an den Nationalbibliotheken erstellt werden. Es handelt sich dabei nicht nur um die monographische Literatur und Zeitschriften; auch Sonderpublikationen wie Hochschulschriften, Amtsdruckschriften, Landkarten, Musikalien, „graue Literatur" (z.B. Firmen-, Institutspublikationen außerhalb des Buchhandels)[23] werden aufgeführt. Die Deutsche Bibliographie (DB) aus Frankfurt erfaßt - jedenfalls in ihren großen Kumulationsstufen - die Literatur des deutschen Sprachraums. Ihr Aufbau ist in Abschnitt 14.1.2 skizziert. In den kurzperiodischen Heften kann man in grober Sachgliederung die jeweils erscheinende Literatur überschauen (für Österreich, die Schweiz und auch die DDR muß man hierfür deren Verzeichnisse hinzunehmen). In den großen 5-Jahres-Kumulationen kann man sowohl formal wie sachlich suchen. Ab 1966 ist der gesamte Datenbestand elektronisch erfaßt und über BIBLIO-DATA recherchierbar. Für die Erfassung der deutschen Literatur vor 1911 gab es keine Nationalbibliographie (wenn auch mehrere, sich teils überlappende Buchhandelsverzeichnisse); inzwischen sind aber zwei „Gesamtverzeichnisse" erschienen, die das deutschsprachige Schrifttum ab 1700 erfassen (14.1.2), wenn auch mit eingeschränkter bibliographischer Zuverlässigkeit. In ihnen

---

[23] Vgl. Gibb, John M.; Phillips, Edward: Bessere Zeiten für graue oder nicht herkömmliche Literatur. In: *Bibliothek* 3 (1979), S. 122-128.

kann man allerdings nicht sachlich suchen: die Schriften eines Autors in dem genannten Zeitraum lassen sich also bequem zusammenstellen, nicht aber Arbeiten über ihn oder zu irgendeinem Sachthema (andere ältere Verzeichnisse helfen da z.T. weiter).

Von Bibliothekskatalogen war oben (1.1) schon die Rede. Nun gibt es eine Sondergruppe von Bibliotheken, die so umfangreiche Bestände besitzen, daß ihre Kataloge über den Bestandsnachweis hinaus als allgemeine bibliographische Nachschlagewerke benutzt werden können. Augenblicklich gilt dies vor allem für die Kataloge des British Museum (jetzt: British Library) und der Library of Congress in Washington, der jetzt unter Einbeziehung weiterer großer Bibliotheken der Vereinigten Staaten als „The national union catalog" (NUC) geführt wird (1.1.3). Sucht man die Werke eines bestimmten Verfassers international, so hat man in diesen Nachschlagewerken das größte „Angebot". Im Katalog des British Museum findet man sogar zusätzlich die Sekundärliteratur in Appendices zur Verfassereintragung verzeichnet. Es sollte zu einem guten „Einstand" am Studienbeginn gehören, sich diese monumentalen Hilfsmittel in seiner Universitätsbibliothek anzusehen[24].

Für die tägliche wissenschaftliche Arbeit sind allerdings meistens die Fachbibliographien von noch größerer Bedeutung. Im Literaturteil sind die wichtigsten periodischen Fachbibliographien zur Theologie und ihren Grenzgebieten genannt (14.4.2). Fachhandbücher und ggf. Spezialmonographien nennen oft auch die wesentlichen bibliographischen Hilfsmittel für ihr Fach oder Gebiet. Auch hier ist zu empfehlen, den Standort einiger besonders wichtiger Bibliographien in der Fachbereichsbibliothek oder der Universitätsbibliothek zu suchen und sich die bibliographischen Hilfsmitel im Umkreis auch einmal anzusehen.

---

[24] Genauere bibliographische Angaben bei Totok, Wilhelm (Hrsg.): *Handbuch der bibliographischen Nachschlagewerke* / Totok-Weitzel. Bd.1. Frankfurt a.M.: Klostermann, [6]1984, S. 29ff., bes. 34f., 38–40; S. 46ff, bes. 54–57. Vgl. auch 14.1.3.

3.2 Praxis der Literatursuche

Die knappe Skizze bibliographischer Genera gibt schon einen Hinweis, wie man die *Werke eines bestimmten Autors* ausfindig machen kann: Kumulationsbände der entsprechenden Nationalbibliographie, große Bibliothekskataloge und eventuell auch Buchhandelsverzeichnisse (Verzeichnis lieferbarer Bücher, s. Anm. 15) helfen hier weiter. In begrenztem Umfang kann auf diese Weise auch schon Sekundärliteratur zu einem bestimmten Autor ermittelt werden. Freilich liegt eine generelle Schranke dieser Werke darin, daß sie keine Zeitschriftenaufsätze verzeichnen, eine andere darin, daß sie Hochschulschriften teilweise gar nicht oder nur in Sonderreihen anführen. Fachbibliographien beziehen (meist) beides ein.

Die Fragestellung lautet jetzt also: Wie sucht man möglichst geschickt *Literatur zu einem bestimmten Thema oder Autor?* Bei der Bearbeitung eines Themas wird man meist schon durch den Dozenten, der die Aufgabe gestellt hat, entsprechende Hinweise erhalten. Zu deren Kontrolle und zu ihrer – bei eigenen größeren Arbeiten unbedingt notwendigen – Komplettierung bietet sich folgender „praktischer" Weg an:

1. Falls man einen *Sachkatalog* einer großen Fachbibliothek oder Universitätsbibliothek benutzen kann, findet man hier u. U. schon die wichtigsten Informationen.

2. Gedruckte *Kataloge von Spezialbibliotheken* des Fachs können evtl. weiterhelfen. Wir nennen hier keine Titel, da es hierbei auf die Ausstattung des bibliographischen Apparats der benutzten Bibliothek ankommt[25]. Wichtig sind sie vor allem, wenn ältere Literatur gesucht wird.

3. Neben dem Einstieg über den Sachkatalog sollte man parallel auch gleich einen Blick in die entsprechenden Artikel der wichtigsten *Fachlexika* und den infrage kommenden Abschnitt eines bibliographisch gut fundierten *Fachhandbuchs* werfen. Dort findet sich in der Regel die wichtigste Literatur bis zum Erscheinungsdatum dieser Werke.

---

[25] Vgl. G. Schwinge: *Wie finde ich...* (Anm. 21), S. 117f.

4. Wenn man auf diese Weise die wichtigste(n) *Spezialmonographie(n)* zum Thema ermittelt hat, so sollte man diese zu Rate ziehen. Oft enthalten sie gute Bibliographien, die von einem kompetenten Fachkenner zusammengestellt sind. Ob man wirklich eine qualitativ gute Monographie gefunden hat, wird man eventuell auch durch eine Rezension kontrollieren (die Bibliographie kann aber auch bei negativem Ergebnis gut sein!).

5. Den Glücksfall neuester Spezialmonographien ausgenommen, wird man nun immer noch die jüngst erschienene Literatur zur Aktualisierung der erarbeiteten Titelliste benötigen. Hierzu sind die *periodischen Fachbibliographien* (vgl. 14.4.2) heranzuziehen (vgl. auch die Hinweise in 14.8).

6. Sucht man noch weitere und neuere Informationen, so muß man für die „jüngste Zeit" auch die kurzperiodischen Hefte der *Nationalbibliographien* heranziehen.

7. Weiter hilft dann nur noch der (gesteuerte!) Zufall: Informationen über den Buchhändler, eigene Zeitschriftenschau, Verlagskataloge usw.

3.3 Neue Formen bibliographischer Recherche

Gegenüber den herkömmlichen bibliographischen Verzeichnissen stellt das *Citation indexing* eine neue Form dar. Es beruht auf dem Gedanken, daß Zitierzusammenhänge auch Sachzusammenhänge sind und daß die meistzitierte Literatur auch eine hohe Wichtigkeit haben dürfte. Zitiert wird zudem nicht nur neueste Literatur, sondern auch alte wichtige Werke tauchen hier auf; zudem trennt man beim Zitieren weder nach Literaturgattungen noch nach Fächern, – alles Einschränkungen, die in herkömmlichen Bibliographien eine Rolle spielen können. Erprobt wurde das Verfahren am „Science citation index", dann auch im „Social sciences citation index" und im „Arts and humanities citation index" angewendet. Diese Verzeichnisse enthalten verschiedene Teile: Man kann z. B. bei einer Sachfrage mit Schlagwort einsteigen (Permuterm subject index), wird zu einem Autorennamen geführt (Source index), wo die von diesem zitierte Literatur in Kurzform angegeben ist, die dann im dritten Teil (Citation index) aufgesucht werden kann. Umgekehrt kann man aber auch bei einem bekannten Autor einsteigen, von dem man weiß, daß er auf dem gesuchten Gebiet arbeitet, und dann weiterrecherchieren. Das Verfahren ist – wenn man es in den gedruckten Ausgaben durchführt – zwar ziemlich mühselig, bietet aber doch einige Vorteile. Wegen der teuren Abonnementspreise finden sich die genannten Verzeichnisse aber nicht in allen Großbibliotheken.

Diese und viele andere bibliographische Unternehmungen arbeiten heute mit Hilfe der elektronischen Datenverarbeitung. Der einfachste Zugang zu den Daten wäre daher zumindest theoretisch der Weg über ein EDV-Terminal, nicht über einen Ausdruck. Inzwischen sind tatsächlich auf vielen Gebieten Literaturrecherchen elektronisch durchführbar. Auf BIBLIO-DATA der Deutschen Bibliothek wurde in 3.1 hingewiesen; außerhalb der Geisteswissenschaften wird die Möglichkeit der fachlichen Recherche bereits intensiv genutzt (z.B. in der Medizin: DIMDI). In Deutschland sind die Angebote für die Geisteswissenschaften noch sehr beschränkt. Über das amerikanische System DIALOG kann man aber z.B. den Bestand von „Religion index“ und „Philosopher's index“ (14.4.2) recherchieren. Da auch retrospektiv immer größere Datenmengen erschlossen werden, wird diese Art der Literatursuche an Bedeutung laufend zunehmen. Kompliziert ist allerdings die Frage nach den Kosten: Für Hochschulen gelten in der Bundesrepublik z.T. Subventionierungsregelungen. Diejenigen Bibliotheken, die computervermittelte Literatursuche als Service anbieten, können hierüber am besten informieren. Da die Kosten nicht ganz gering sind, sollte man genau überlegen, ob die Zeitersparnis gegenüber herkömmlicher Suche die höheren Kosten lohnt; wichtig zur Entscheidung dieser Frage ist, ob die elektronische Recherche gegenüber der Suche in Papierausgaben wirklich aktualisiertes Material erbringt. Dies ist nicht immer gegeben.

3.4 Biographische Information; Institutionen; Adressen

An das Thema der Literaturermittlung wollen wir exkursartig einen Hinweis anhängen: Bei mancher Arbeit ist man darauf angewiesen, bei anderer wäre es nützlich, biographische Informationen über einen Wissenschaftler oder Autor zu besitzen; eventuell sucht man auch seine Adresse. Nur bei wichtigen *Personen der Vergangenheit* wird ersteres durch die allgemeinen theologischen (oder sonstigen) Enzyklopädien ermöglicht. Biographische Nachschlagewerke helfen weiter (vgl. 14.3). Hinzu kommt jetzt die Kumulation einer Großzahl älterer biographischer Nachschlagewerke zum „Deutschen biographischen Archiv" (14.3.1; ähnliches gibt es auch für andere Länder). Schließlich sind einige Fächer ausgezeichnet (z. B. Kunst) oder wenigstens gut biographisch aufgearbeitet (vgl. 14.3.4).

Bei Wissenschaftlern der *Gegenwart* bringt die Suche in Lexika nur selten Erfolg. Hier benutzt man die Bücher der Gattung „Who's who?". Große Bibliotheken führen diese in den verschiedensten Ausgaben („Who's who in Europe? ... in philosophy? ... in the catholic world?" usw.). Die kurzen Artikel skizzieren die Vita des Dargestellten, geben seine wichtigsten Publikationen, Adresse und Forschungsgebiet usw. an. Eine ähnliche Funktion haben das „Internationale biographische Archiv", eine Loseblattsammlung des Verlags Munzinger, Ravensburg, oder „Kürschners deutscher Gelehrtenkalender".

Der Studienanfänger wird nicht ohne weiteres vermuten, daß in den bibliographischen Apparaten von großen Bibliotheken auch vielfältigste Informationen über Institutionen des kulturellen, wissenschaftlichen, politischen und gesellschaftlichen Lebens zu erhalten sind: Handbücher der Museen, Bibliotheken, Forschungseinrichtungen, Kirchen usw. Nur wenige Titel sind 14.2 genannt. Auch hier ist die „Regalinformation" in einer Bibliothek sinnvoll.

4. Titelangaben, Literaturnachweise

Die korrekte Verzeichnung von Literatur und sonstigen Medien muß in vielen Zusammenhängen wissenschaftlicher Arbeit beherrscht werden: beim Nachweis von Zitaten, benutzten Quellen, Hilfsmitteln, Sekundärliteratur; beim Zusammenstellen von Literaturlisten usw., in passiver Form auch bei der Suche in Katalogen und Bibliographien. Sie dient dazu, daß der Leser einer Arbeit die benutzten oder genannten Werke seinerseits wiederum auffinden und ggf. auch erwerben kann. Die Materie ist in der Norm DIN 1505 Teil 2 01.84[26] geregelt, die zwar nicht für alle Fälle letztverbindlich sein mag, an der eine Einführung sich aber orientieren muß. Wie genau man dabei die Feinheiten formaler Regelungen beachten muß, hängt selbstverständlich vom Zweck ab. Wichtig

---

[26] Durch die Veröffentlichung der neuen Norm DIN 1505 Teil 2 01.84 *Titelangaben von Dokumenten : Zitierregeln,* war es nötig, dieses Kapitel völlig umzuarbeiten. Die Norm ist abgedruckt in: *Publikation und Dokumentation 1 : Gestaltung von Veröffentlichungen, terminologische Grundsätze, Drucktechnik.* Berlin: Beuth, ^{2}1984 (DIN-Taschenbuch 153), S. 125–142. Für die Gestaltung größerer bibliographischer Arbeiten, für Sonderfragen u. a. m. ist die Norm selbst heranzuziehen. Sind noch speziellere Informationen gewünscht, wie sie für die Führung kleinerer Kataloge, aber auch schon bei bibliographischen Arbeiten auftreten können, so ist auf Norm DIN 1505 Teil 1 Vornorm. *Titelangaben von Schrifttum* zu verweisen, abgedruckt in *Publikation und Dokumentation 2 : Erschließung von Dokumenten, Informationsverarbeitung, Reprographie, Bibliotheksverwaltung.* Berlin : Beuth, ^{2}1984 (DIN-Taschenbuch 154), S. 68–84. Am umfassendsten - aber nur für eigentliche Bibliotheksarbeiten notwendig - ist die gesamte Materie geregelt in den *Regeln für die alphabetische Katalogisierung 1 : Regeln für wissenschaftliche Bibliotheken RAK-WB.* Wiesbaden: Reichert, 1983. Hierzu gibt es noch Sonderregeln für spezielle Materialien - z. B. Musikalien -, Transliterationstabellen für nichtlateinische Alphabete usw. Wer Bedarf für derartig spezielle Dinge hat, sollte am besten Kontakt mit einem Fachmann an einer großen wissenschaftlichen Bibliothek aufnehmen und dort die nötigen Informationen einholen.

ist daher, daß man sich über die Bedeutung der verschiedenen Kategorien, aus denen eine Literaturangabe besteht, im klaren ist. Daher ist auf die Kommentierung dieser Kategorien im grundlegenden folgenden Abschnitt besonderer Wert gelegt.

4.1 Selbständige bibliographische Einheiten

Beim Nachweis von *selbständig erschienenen Titeln* (z. B. Büchern, aber auch Schallplatten, Videokassetten o. ä.) sind folgende Angaben – soweit zutreffend – nötig:

a) NAME, Vorname des Verfassers [bzw. Hrsg., Urhebers]:
b) *Sachtitel : Zusätze* [z. B. Untertitel]. [ggf:] Bandzählung.
c) / ggf. sonstige beteiligte Personen.
d) Auflagebezeichnung.
e) Erscheinungsort :
f) Verlag,
g) Erscheinungsjahr
h) (Gesamt-/Reihentitel mit Zählung)
i) . – ggf. Zusatzinformationen [ISBN, Erläuterungen]
k) , ggf. Seitenangaben, wenn ein bestimmter Satz o. ä. zitiert wird.

Die Angaben entnimmt man immer dem Titelblatt (nicht dem Umschlag oder gar Schutzumschlag!), der Titelblattrückseite (Impressum), ggf. der letzten Seite des Buches, wenn sich das Impressum dort befindet. Es galt früher die Regel, daß man Angaben, die man nicht dem Titelblatt, sondern einer anderen Stelle des Buches entnimmt, in runde Klammern setzt, Angaben, die aus sonstigen Quellen stammen, in eckige Klammern. Die neuen DIN-Normen verzichten auf diese Kennzeichnung. – Zur Zeichensetzung vgl. 4.3, zur graphischen Gestaltung (Schriftarten) der Angaben 4.4.

Zu a) In alphabetischen Listen ist die Umstellung „Name, Vorname" sinnvoll. Im laufenden Text z. B. einer Anmerkung ist dies eigentlich nicht nötig. Die Ausschreibung des (ersten) Vornamens ist sehr hilfreich, wenn man den Titel z. B. in einem größeren Katalog suchen muß und der Verfasser einen häufig vorkommenden Namen trägt. Aus Platzgründen werden Vornamen jedoch oft abgekürzt angegeben. Zweite und weitere Vornamen kann man mit der Initiale abkürzen.

Hat ein Buch mehrere Verfasser (Beispiel [S. 45]: GRESHAKE; LOHFINK), so werden nach der Norm *alle* genannt. In Bibliothekskatalogen werden jedoch nur Schriften mit bis zu drei Verfassern in dieser Weise vezeichnet. Schriften mit vier und mehr Verfassern erhalten die Haupteintragung unter dem Titel (genauer: Sachtitel). Unter dem Namen des ersten Mitverfassers erfolgt eine Nebeneintragung bzw. Verweisung. Im Grunde ist diese Regelung praktikabler und könnte auch weiterhin beim Zitieren angewendet werden: Man nennt in diesen Fällen den ersten Verfasser und fügt „u. a." oder „..." hinzu.

In sehr vielen Fällen haben solche Vielverfasser-Schriften aber einen Herausgeber. Beim Zitieren kann man ihn sozusagen wie einen Verfasser behandeln, muß aber „(Hrsg.)" hinzusetzen. Bei mehreren Herausgebern genügt es im allgemeinen, nur den ersten zu nennen und „u. a." hinzuzufügen. Es ist aber normgerechter, alle anzuführen (Beispiel: KLINGER).

Hat das Werk nur einen körperschaftlichen Verfasser oder Herausgeber, z. B. eine Behörde, Institution, einen Verein o. ä., so nennt man diesen, ggf. mit dem entsprechenden Zusatz, z. B. „DEUTSCHE BISCHOFSKONFERENZ" oder „AMNESTY INTERNATIONAL (Hrsg.)"[27] (vgl.die Katalog-Beispiele aus Abschnitt 1.1, Nr. 15: Wichtig sind diese Körperschafts-Angaben fast nur in Fällen solcher formal-nichtssagender Titel, wie sie manchmal bei Periodica vorkommen).

Titulaturen (etwa „Kardinal" im Beispiel NEWMAN), Ordensbezeichnungen (OP, SJ) usw. werden weggelassen.

---

[27] Da solche Körperschaften häufig als Herausgeber von Zeitschriften auftreten, sind diese Angaben besonders für die Benutzung von Zeitschriftenkatalogen wichtig, besonders dann, wenn die gesuchte Zeitschrift einen unspezifischen Titel hat wie z. B. *Amtsblatt, Informationen* o. ä. Solche Titel sind in neueren Katalogen meist unter der Körperschaft verzeichnet. Größere Bibliotheken benutzen als Katalogisierungshilfe die auf Microfiches erscheinende *Gemeinsame Körperschaftsdatei* (GKD). Der Bibliotheksbenutzer sollte einschlägige Merkblätter zur Katalogbenutzung einsehen oder die Auskunft befragen, wenn er einschlägige Titel nicht findet.

Die sprachliche Form des Namens wird man im allgemeinen – schon um Fehler zu vermeiden – der Vorlage entnehmen. Bibliothekskataloge vereinheitlichen und bieten z. B. die lateinische Namensform bei antiken Autoren. Problematisch sind die Namensformen im Übergang vom Mittelalter zur Neuzeit, wo manchmal unklar ist, ob schon die heutige Form von Vorname und Familienname vorliegt oder noch die ältere Version von persönlichem Namen und Beinamen (z. B. Herkunftsbezeichnung oder Zusätzen wie „Magnus" o. ä.). Im ersteren Fall wäre der Familienname für die Verfasserangabe (und die Einordnung in Katalogen) entscheidend (z. B. bei Petrarca), im zweiten der persönliche Name (z. B. bei Dante, klarer bei Thomas von Aquin). Man kann sich hierfür pragmatisch am LThK[2] oder ähnlichen Werken orientieren.

Wie eine Verfasser- oder Herausgeberangabe kann auch eine Dedikation im Falle einer Festschrift behandelt werden (Beispiel: KLINGER mit dem Zusatz bei RAHNER; andere Möglichkeit siehe im nächsten Abschnitt) oder bei einer Briefausgabe der Adressat, z.B. „GOETHE, Johann W. (Adressat)" bei einer Ausgabe von Briefen an Goethe.

Zu b) Hier ist ganz besonders zu beachten, daß man nicht den Umschlag- oder Rückentitel des Buches notiert, sondern sich nach der Form des Titels auf dem Titelblatt richtet. In vielen Fällen kann man den Untertitel – falls das Buch überhaupt einen solchen hat – auslassen. Manchmal gibt er jedoch eine spezifische Information für den Leser. Dann sollte er – ggf. unter Verwendung leicht auflöslicher Abkürzungen (vgl. 4.5) – mitangeführt werden. Auch andere Zusätze sum Sachtitel (z. B. Dedikationen, vgl. Beispiel: WOLFF) kann man in dieser Art anführen, wenn sie eine wichtige Information darstellen.

Fremdsprachige Titel werden entweder bis auf das Anfangswort, Eigennamen usw. klein geschrieben oder nach dem landesüblichen Verfahren angegeben (z. B. bei englischen Titeln Großschreibung bis auf Artikel, Präpositionen etc.). Eigennamen, Institutionen u. ä. werden selbstverständlich wie üblich groß geschrieben.

Bandangaben werden hinter dem Titel (ggf. mit der Benennung „Bd.“, „Nr.“) angeführt.

Zu c) In vielen Fällen ist es sinnvoll, sonstige beteiligte Personen wie Illustratoren, Editoren wissenschaftlicher Ausgaben, Bearbeiter, Verfasser von Vorworten usw. anzuführen (Beispiele: Heym, Rahner, Boethius). Nach der Norm ist der Ort dafür nach Sachtitel und Zusatz zum Sachtitel. Die Art der Beteiligung wird in Klammern mit den üblichen Abkürzungen vermerkt (vgl. 4.5 und 15.1).

Zu d) Da sich bei Neudrucken, Neuauflagen usw. häufig die Seitenzahlen, aber auch der Text ändern und überhaupt zur exakten Identifikation der benutzten Ausgabe, ist es notwendig, die Auflage oder Ausgabe (z. B. Sonderausgabe, Reprint usw.) genau anzugeben. Auch Zusätze wie „verb.“, „völlig neubearb.“ usw. sind häufig sinnvoll. Sind weitere Erläuterungen vonnöten (Beispiel: Heym), so vgl. unten zu i). In den meisten Fällen dürfte allerdings die in diesem Buch verwendete und ebenfalls normgerechte Kurzform mit hochgestellten Ziffern vor dem Erscheinungsjahr genügen.

Zu e) Die Nennung des Erscheinungsortes ist üblich, zur bibliographischen Identifizierung jedoch häufig nicht unbedingt nötig (außer bei „grauer Literatur“[28], die nicht auf den üblichen Publikationswegen veröffentlicht wird). Bei Kürzestangaben (z. B. in Lexika) kann sie deshalb u. U. fehlen. Auf alle Fälle sollte nur der erste (Haupt-)Verlagsort und ggf. noch die inländische Verlagsniederlassung angegeben werden.

Zu f) Die Angabe des Verlags ist häufig zur Beschaffung eines Werkes wichtig. Bei Klein- oder Selbstverlagen kann es daher sogar sinnvoll sein, auch die Verlagsadresse anzugeben, wenn man den Leser auf die Beschaffungsmöglichkeit hinweisen will (Beispiel: *Für Karl Rahner*). Vielfach sagen Verlage aber auch etwas über den Inhalt einer Veröffentlichung aus, – der Verlag „Marxistische Blätter“ verlegt eben andere Literatur als z. B. „Herder“! Daher ist mit der DIN-Norm *die Verlagsangabe entgegen der weithin üblichen Praxis zu empfehlen.*

---

[28] Vgl. Anm. 23.

Zu g) Die Angabe des Erscheinungsjahrs ist unverzichtbar. Daher sollte man notfalls sogar versuchen, dieses zu ermitteln oder – wenn dies nicht möglich ist – eine ca.-Angabe (Beispiel: Newman) machen. Achtung: das Jahr des Copyrights © oder des kirchlichen „Imprimatur" muß nicht das Erscheinungsjahr der Veröffentlichung sein!

Zu h) Wenn Bücher in gezählten Reihen erscheinen (Beispiele: Lehmann, Greshake; Lohfink), soll man diese mit der Zählung anführen. Zu Abkürzungsmöglichkeiten vgl. 4.5 und 15.2. Bei Einzelausgaben aus einer Gesamt- oder Auswahlausgabe eines Verfassers kann man hier den Gesamttitel anführen (Beispiel: Newman; analoges Beispiel für Einzelverfasserschrift in einem mehrbändigen Handbuch: Baus).

Zu i) Die ISBN (International standard book number)[29] erlaubt die exakte Identifikation einer Ausgabe. Sie besteht aus einer Ziffer für den Sprachraum (dt.: 3), der Verlagsnummer (Herder: 3451), der Bestellnummer des Verlags nebst einer Computer-Prüfziffer. Für die Beschaffung durch den Buchhandel ist die ISBN wichtig. Allerdings ist zu beachten, daß schon verschiedene Ausstattung (gebunden, kartoniert) und selbstverständlich jede neue Ausgabe zu einer unterschiedlichen ISBN führen. Weitere Angaben (Umfangs-, Preisangaben) sollen dann gemacht werden, wenn sie für den Leser wichtig sind.

Auch Besonderheiten einer Ausgabe (Beispiel: Heym) kann man hier nennen.

Bei non-book-materials (Schallplatten, Videokassetten, aber z. B. auch Plakaten u. ä.) sollte man die Art der Materialien hier angeben (Beispiel: Bach) und ggf. auch die nötigen technischen Informationen hinzufügen (z.B. Aufnahmesystem bei Video, vgl.: *Für Karl Rahner*).

Zu k) Wenn aus dem genannten Werk bestimmte Angaben zitiert werden oder auf Abschnitte verwiesen wird, folgen hier die Seitenangaben. Manche Bücher sind in eigens gezählten

---

[29] Zum System der ISBN vgl.: *Internationale Standard-Buchnummer : Leitfaden.* Fankfurt a. M. : Börsenverein, [2]1978.

Spalten gedruckt (häufig Lexika). Die Angabe wird dann mit „Sp.“ eingeleitet. Bei wissenschaftlichen Ausgaben gibt es gelegentlich sogar eine Zeilenzählung (Angaben mit „Z.“).

Beispiele:

LEHMANN, Karl: *Auferweckt am dritten Tag nach der Schrift: Früheste Christologie, Bekenntnisbildung und Schriftauslegung im Lichte von 1 Kor. 15,3-5*.2.,verb. Aufl. Freiburg i.Br.: Herder, 1969 (Quaestiones disputatae 38)

WOLFF, Hans Walter (Hrsg.): *Probleme biblischer Theologie: Gerhard von Rad zum 70. Geburtstag*. München: Kaiser, 1971. - ISBN 3-459-00779-6

KLINGER, Elmar (Hrsg.); WITTSTADT, Klaus (Hrsg.); RAHNER, Karl (Festschrift für): *Glaube im Prozeß: Christsein nach dem II. Vatikanum*. 2. Auflage. Freiburg i.Br.: Herder, 1984

RAHNER, Karl: *Gebete des Lebens* / RAFFELT, Albert (Hrsg.); LEHMANN, Karl (Vorw.). 5. Aufl. Freiburg i.Br.: Herder, 1985

NEWMAN, John H.: *Apologia pro vita sua: Geschichte meiner religiösen Überzeugungen* / KNOEPFLER, Maria (Übers.). 5.-7. Taus. Mainz: Grünewald, um 1951 (J.H. NEWMAN: Ausgewählte Werke 1)

HEYM, Georg: *Umbra vitae: Nachgelassene Gedichte* / KIRCHNER, Ernst Ludwig (Ill.). Frankfurt a.M.: Insel, 1962 (Insel-Bücherei 749). – Verkleinerter Reprint der Originalausg. 1924

BOETHIUS: *The theological tractates* / STEWART, Hugh F. (Ed.). London: Heinemann, 1918 (Loeb classical library 74)

BAUS, Karl: *Von der Urgemeinde zur frühchristlichen Großkirche*. Unveränd. Neudr. der 3. Aufl. Freiburg i.Br.: Herder, 1973 (Handbuch der Kirchengeschichte / JEDIN, Hubert [Hrsg.]. Bd. 1)

GRESHAKE, Gisbert; LOHFINK, Gerhard: *Naherwartung, Auferstehung, Unsterblichkeit: Untersuchungen zur christlichen Eschatologie*. 4. Aufl. Freiburg i.Br.: Herder, 1982 (QD 71)

BACH, Johann Sebastian: *Geist und Seele wird verwirret: Kantate 35:* BWV 35 / HARNONCOURT, Nikolaus (Leitung); Concentus musicus

Wien. Hamburg: Teldec, 1974 (Telefunken, Das alte Werk 6.35036-1). - Schallplatte. In: BACH, J. S.: *Das Kantatenwerk.* Folge 10 (Telefunken 6.35036.EX). – Schallplattenkassette

Für Karl Rahner: Festakademie zum 80. Geburtstag am 5. 3. 1984 in Innsbruck. München: Dia-Dienst (Kaulbachstr.14), 1985. – Videokassette, VHS in Farbe, 29 Minuten, DM 86.-, Best.-Nr. 80014

4.2 Unselbständige bibliographische Einheiten

Zitiert man nicht ein selbständig erschienenes Werk sondern in einem solchen enthaltene Teilveröffentlichungen, z. B. Lexikonartikel, so verändert sich das oben angeführte Schema. Man nennt den Verfasser des Artikels oder Aufsatzes, dessen Sachtitel und schließt mit „In:" die notwendigen Angaben nach dem oben genannten Schema an. Die Angabe schließt mit den genauen Seitenzahlen, ggf. mit der Seitenzahl des Zitats, das man im Text gebracht hat oder auf das man verweisen will (eingeleitet mit „hier").

Beispiele:

KASPER, Walter: Das Petrusamt in ökumenischer Perspektive. In: LEHMANN, Karl (Hrsg.): *In der Nachfolge Jesu Christi.* Freiburg i. Br.: Herder, 1980, S. 93-122

POWELL, Douglas: Arkandisziplin. In: *Theologische Realenzyklopädie.* Bd. 4. Berlin: de Gruyter, 1979, S. 1-8, hier S. 5, Z. 20-22

Bei *Zeitschriftenaufsätzen* wird üblicherweise insofern von dem allgemeinen Schema abgewichen, als Ort und Verlag nicht genannt und statt des Erscheinungsjahres das in der laufenden Zählung angegebene Jahr (Berichtsjahr, Abonnementsjahr o. ä.) verzeichnet wird (manche Zeitschriftenjahrgänge erscheinen verspätet, so daß dies nicht das Erscheinungsjahr sein muß). Die Angabe des Ortes ist nur nötig, wenn es verschiedene Zeitschriften gleichen Titels gibt; daher regelt die Norm: „Gleichlautenden Titeln verschiedener Zeitschriften und Zeitungen ist der Erscheinungsort in Klammern hinzuzufügen". Bei unspezifischen Titeln – wie Informationen, Berichte, Amtsblatt – werden die herausgebenden Körperschaften der Zeitschriften wie im obigen Schema unter a) angeführt (vgl. die Beispiele in Abschnitt 1.1, Punkt 15). Unterreihen von Zeitschriften werden mit Komma an den Haupttitel angehängt. Bei manchen Zeitschriften sind unterschiedliche Band- und Jahrgangszählungen vorhanden. Daher sollte man in diesen Fällen diese Benennungen ggf. hinzufügen (Beispiel: Löser). Wenn die Zeitschriften Heft für Heft eine neue Seitenzählung haben, muß man selbstverständlich auch die Heftnummer hinzufügen (Beispiel: Lehmann; hier ist zudem keine Jahrgangszählung vorhanden). Bei Zeitungen ist darauf zu achten, daß es möglicherweise regionale Sonderausgaben gibt, denen der Text entnommen ist, den man zitieren möchte. Hier ist ein Zuviel an Angaben besser als eine unklare Bezeichnung.

Beispiele:

Rahner, Karl: Über das Beten. In: *Geist und Leben* 45 (1972), S. 84-98

Lehmann, Karl: Zum Problem einer Konzentration der Glaubensaussagen. In: *Lebendiges Zeugnis* (1970), H. 3/4, S. 15–44

Löser, Werner: Hermeneutik oder Kritik? In: *Stimmen der Zeit* Bd. 188 (1977), S. 50–59

4.3 Zeichensetzung bei bibliographischen Angaben

In der früheren Norm DIN 1505 12.61 war es noch einfach. Dort stand zu lesen: „Satzzeichen sollen so angebracht werden, daß Mißverständnisse ausgeschlossen sind". Für die täglichen kleinen Arbeiten kommt man mit dieser Devise vermutlich auch heute noch hin. Die Neubearbeitung der Norm DIN 1505 nahm jedoch Rücksicht auf entsprechende Regeln der Katalogisierung (RAK), die ihrerseits auf internationale Absprachen für die Schrifttumsbeschreibung zurückgehen. Daraus resultiert leider ein kompliziertes Geflecht von Regeln für die Satz- und besonders für die sog. Deskriptionszeichen.

Als Positivum der Normung kann man wohl verbuchen, daß die exaktere Regelung dieses Bereichs zu einer klaren Untergliederung der Titelaufnahme in bestimmte Kategorien führt und so vielleicht zu einer logisch durchdachten Anlage dieser Angaben verhelfen kann.

Im Schema des Abschnitts 4.1 und in den Beispielen 4.2 wurden die Zeichen entsprechend der Norm gesetzt. Die wichtigsten Dinge kann man dort ablesen. Sie seien aber nochmals kurz zusammengefaßt.

Folgende *Satzzeichen* sollte man sich merken:
- ein *Komma* steht zwischen Name und Vorname bei Nachstellung des letzteren sowie hinter der Verlagsangabe, vor der Angabe von Seitenzahlen; bei Zeitschriften zudem hinter dem Sachtitel der Zeitschrift vor der Angabe eventueller Unterreihen;
- ein *Doppelpunkt* steht hinter der Verf.- bzw. Hrsg.-Angabe;
- Gesamt- oder Reihentitel stehen in *Klammern,* ebenso – falls nötig – Ortsangaben bei Zeitschriften sowie bei Zeitschriften die Angabe des Berichtsjahrs.

Daneben kennt die Norm noch sogenannte *Deskriptionszeichen,* die bestimmte Kategorien der bibliographischen Beschreibung voneinander trennen. Gegenüber den Katalogisierungsregeln RAK sind sie hier in geringerem Umfang angewandt.

Von der *Schreibweise* her sind die Deskriptionszeichen dadurch zu erkennen, daß vor und hinter ihnen ein Zwischenraum (Spatium; Schreibmaschine: Leertaste) gesetzt wird (im Gegensatz zu den einfachen Satzzeichen, die ohne Zwischenraum an das vorhergehende Wort angeschlossen werden bzw. dieses klammern). – Folgende Deskriptionszeichen sind in der Norm DIN 1505 T.2 verwendet:
- ein *Doppelpunkt* steht zwischen Sachtitel und Zusatz (also z. B. Untertitel) sowie zwischen Erscheinungsort und Verlagsangabe (der Doppelpunkt kommt also als normales Satzzei-

chen hinter der Verfasserangabe *und* als Deskriptionszeichen vor);
- ein *Schrägstrich* steht vor der Angabe sonstiger beteiligter Personen (im Schema also vor der Kategorie c);
- ein *Semikolon* steht zwischen der Angabe mehrerer Verfasser, Herausgeber o.ä., hat also gleichordnende Funktion;
- ein *Gedankenstrich* steht vor sonstigen zusätzlichen Angaben (also vor der Kategorie i). Insbesondere dieses Deskriptionszeichen wird in den RAK noch wesentlich vielfältiger zur Abtrennung der einzelnen Kategorien verwendet.

4.4 Zur graphischen Gestaltung von Titelangaben

Diesen Abschnitt kann ein Minimalist getrost überspringen: Bei der Verwendung der Schreibmaschine kann man ohnehin so vorgehen, daß man alle Teile der bibliographischen Angaben in der gleichen Type und ohne Unterstreichungen schreibt. Die Norm verwendet aber ein System von Auszeichnungen, das bei der Drucklegung von Literaturlisten oder in den Anmerkungen von gedruckten Büchern sinnvoll verwendet werden kann und insbesondere im westeuropäisch-nordamerikanischen wissenschaftlichen Schrifttum auch vielfach angewendet wird[30]. Kurz auf Regeln gebracht:
- Angaben von Verfasser, beteiligten Personen und Körperschaften werden in KAPITÄLCHEN MIT VERSALIEN geschrieben (auf der Schreibmaschine nur mit durchgängigen Großbuchstaben zu imitieren, wenn man unnötige Spiele mit Kugelkopf- oder Typenrad-Schreibmaschinen vermeiden will;

---

[30] Das System wird auch von Typographen empfohlen, vgl. TSCHICHOLD, Jan: *Ausgewählte Aufsätze über die Fragen der Gestalt des Buches und der Typographie.* Basel: Birkhäuser, 1975, S. 130; von den Einführungswerken für das wissenschaftliche Arbeiten auch STANDOP, Ewald: *Die Form der wissenschaftlichen Arbeit.* Heidelberg: Quelle und Meyer, [10]1984 (UTB 272); grundlegend im internationalen Bereich für diese und viele andere Einzelfragen von Manuskriptgestaltung und Typographie ist *The Chicago manual of style for authors, editors and copywriters.* Chicago: Univ. of Chicago Press, [13]1982.

– die Sachtitel der selbständigen bibliographischen Einheit (also des Buches oder bei der Zitation eines Lexikonartikels oder Zeitschriftenaufsatzes der Sachtitel des Lexikons bzw. der Titel der Zeitschrift) werden *kursiv* gesetzt (auf der Schreibmaschine entweder durch Unterstreichung oder bei Kugelkopf- bzw. Typenrad-Maschinen durch Schriftträger-/Schriftartwechsel zu erreichen);
– alle übrigen Bestandteile der bibliographischen Angaben werden in Grundschrift geschrieben.

Das Verfahren ist sinnvoll, da es eine schnelle Übersicht über die wichtigsten Kategorien der bibliographischen Nachweise erlaubt und auch ästhetisch befriedigt. In Deutschland wird es gelegentlich angewendet. Da es satztechnisch aufwendig ist, darf man vermuten, daß in dem damit verbundenen wirtschaftlichen Aspekt die Grenzen seiner Durchsetzbarkeit liegen.

Nach diesen beiden normbedingten Exkursen kehren wir nun wieder zum „Normalstoff“ zurück.

4.5 Abkürzungen

Es wurden nun schon oft Abkürzungen gebraucht, so daß hier ein Hinweis auf ihre Aufschlüsselung notwendig ist. Ein Gutteil von ihnen ist aus dem alltäglichen Leben geläufig oder jedenfalls leicht auflösbar. Die Norm DIN 1505 verwendet derartige Abkürzungen besonders bei den Funktionsangaben beteiligter Personen und bei der Ausgabebezeichnung. Zusammen mit sonstigen in den Anmerkungen wissenschaftlicher Bücher üblichen Abkürzungen haben wir die wichtigsten in Abschnitt 15.1 aufgelistet.

Aus Gründen der Platzersparnis haben sich in manchen Fällen Titelkürzungen beim Zitieren eingebürgert. Zum Teil handelt es sich dabei um „sprechende Abkürzungen“, die nach einiger Übung fließend aufgelöst werden können. Die Norm DIN 1502 01.84 stellt hierfür Regeln auf. Sie hat insbesondere Zeitschriftentitel im Blick. Gekürzt werden soll danach möglichst durch Weglassung des Schlußteils des Wortes, an dessen Stelle ein Punkt gesetzt wird (Trunkierung; z. B.: wissenschaftl.), in Ausnahmefällen durch Kontraktion (Ztg. für Zeitung), Kürzung ganz häufig benutzter Gattungsbegriffe auf einen Buchstaben (J. für Journal). Substantiven stammverwandte Adjektive werden wie diese abgekürzt. Man könnte nach dem Normblatt also abkürzen:

Z. f. Kath. Theol. = Zeitschrift für katholische Theologie
Theol. Stud. = Theologische Studien; (aber auch:) Theological studies

Aus dem Bedürfnis nach noch stärkerer Konzentrierung, wie sie vor allem für die Angaben in Lexika nötig ist, hat sich darüber hinaus eine Reihe anderer Abkürzungen eingebürgert, die man nicht nach dem Wortbild auflösen kann, die sog. Sigel. Diese werden vor allem zur Bezeichnung von Enzyklopädien und Lexika (LThK, EKL, HThG), von wichtigen Handbüchern (HPTh, MySal), von Zeitschriften (ZKTh, TS, ThQ), Schriftenreihen (QD), Editionsreihen (CChr, PL), großen wissenschaftlichen Werkausgaben (WA) und Enchiridia (DS, NR) verwendet. Durch die Abkürzungsverzeichnisse der großen Lexika hat sich bereits ein in vielen Punkten einheitlicher Gebrauch durchgesetzt. Einen Durchbruch zur Vereinheitlichung bedeutete besonders das von Siegfried Schwertner erarbeitete Abkürzungsverzeichnis zur TRE. Die kurze Liste in 15.2 hält sich an dieses Verzeichnis.

Im übrigen muß vor einer Übertreibung bei der Verwendung solcher Sigel gewarnt werden. Die gebräuchlichen Kürzel vor allem von Lexika und Zeitschriften sollte man zwar verwenden, bei selteneren oder ohnehin nur aus einem Wort bestehenden Titeln jedoch lieber nicht kürzen. Eine rigorosere Verfahrensweise ist bei Schriftenreihen möglich, da deren Nennung eine bibliographisch nicht unbedingt immer notwendige, häufig aber platzraubende Zusatzinformation darstellt.

Neben den allgemeinen und den bibliographischen Abkürzungen gibt es noch andere kirchliche und theologische Spezialabkürzungen (Orden, kirchliche Organisationen usw.). Auch diese findet man wiederum in den Abkürzungslisten der großen Lexika[31].

4.6 Innere und äußere Zitierweise

Die 4.1–4.2 erläuterten Zitierweisen bezogen sich immer auf bestimmte Ausgaben. Sind deren Titel wie vorgesehen aufgenommen, so können Einzelzitate durch Angabe von Band- und Seitenzahl nachgewiesen werden. Wir nennen dies die „äußere Zitierweise". Bei Werken, die in vielen verschiedenen Ausgaben vorliegen, findet man bei solcher Zitation häufig die gesuchte Stelle nicht, da man die falsche Ausgabe zur Hand hat. Hier ist die „innere Zitierweise" von Nutzen, d. h. man zitiert nach Buch, Kapitel, Paragraph usw. Dies ist in der Theologie z. B. beim mittelalterlichen Schrifttum (vgl. 4.7.3) üblich. Eine Reihe klassischer Schriften wird nach Einteilungen zitiert, die zwar nicht vom Verfasser stammen, aber doch allgemein verbindlich geworden sind. Dies gilt von der Kapitel/Vers-Einteilung der Heiligen Schrift, die Stephan Langton (ca. 1150-1228) und R. Estienne (15. Jh.) geschaffen haben, aber auch von den Werken Platos und Aristoteles', die nach den Ausgaben von Estienne bzw. Bekker (19. Jh.) mit Seitenzahlen und Buchstabenmarkierung für die Spalte zitiert werden. Fast alle modernen Ausgaben enthalten diese Angaben als Zusatzinformation. Die sich verbreitende Gewohnheit, I. Kants Schriften nach den Seitenzahlen der Originalausgabe zu zitieren, wobei der Zusatz „A" die erste, „B" ggf. die zweite Auflage bezeichnet (was in Neuausgaben meist

---

[31] Ein nützliches Hilfsmittel für die Auflösung allgemeiner Abkürzungen ist WERLIN, Josef: *Duden : Wörterbuch der Abkürzungen.* Mannheim : Bibliographisches Institut, [2]1979 (Duden-Taschenbücher 11). Für Abkürzungen von Ordensnamen vgl. LThK[2] I, S. 12*–16*; kirchliche Organisationen ebd. 8*–11*; TRE : *Abkürzungsverzeichnis,* S. IX–XIII oder HAUCK, Friedrich ; SCHWINGE, Gerhard: *Theologisches Fach- und Fremdwörterbuch.* Göttingen : Vandenhoeck und Ruprecht, [5]1982 (Kleine Vandenhoeck-Reihe 1480), S. 226–234.

ebenfalls zusätzlich angegeben wird), stellt dieses System in die Nähe der „inneren Zitierweise". Bei einigen Autoren gibt es Ausgaben, die so verbreitet sind, daß gewöhnlich nach ihnen zitiert wird, so die Brunschvicg-Ausgabe der „Pensées" von Pascal, nach deren Numerierung die Fragmente in Deutschland meistens zitiert werden (die internationale Pascal-Philologie richtet sich allerdings zunehmend nach der Ausgabe von Lafuma; das Beispiel zeigt also die Relativität solcher Konventionen, denen man sich trotzdem sinnvollerweise anschließt).

Sinnvoll ist die „innere Zitierweise" jedesmal, wenn vermutet werden kann, daß ein Teil der Leser nicht die gleiche Ausgabe benutzt wie der Zitierende. Bei der Hl. Schrift ist sie obligatorisch. Bei der Zitation der klassischen theologischen Autoren (z.B. der Kirchenväter) kann es nützlich sein, beide Angaben zu verbinden, um sowohl das gesuchte Textstück in jeder Ausgabe auffindbar zu machen als auch die benutzte (möglichst beste) Ausgabe anzugeben. Dafür ein Beispiel:

AUGUSTINUS: *De doctrina christiana* I, 22, 20 (CChr.SL 32,17)

4.7 Sonderformen verkürzter Titelangaben und Zitatnachweise

Bei einigem theologisch relevanten Schrifttum kommt zum Usus der „inneren Zitierweise" noch die Gewohnheit hinzu, die Titel selbst abgekürzt anzugeben. Die wichtigsten solcher Sonderformen sollen im folgenden kurz angesprochen werden.

4.7.1 Heilige Schrift

Die Bücher der Heiligen Schrift zitiert man durchweg abgekürzt, ohne daß deshalb ein besonderer Hinweis in einem Abkürzungsverzeichnis nötig wäre. Am besten hält man sich dabei an das „Ökumenische Verzeichnis der biblischen Eigennamen nach den Loccumer Richtlinien" (14.6.21) bzw. die

„Nova Vulgata" (14.7.1) für die rechts angegebene lateinische Form.

Altes Testament

Gen	Genesis	Gn
Ex	Exodus	Ex
Lev	Levitikus	Lv
Num	Numeri	Nm
Dtn	Deuteronomium	Dt
Jos	Das Buch Josua	Ios
Ri	Das Buch der Richter	Idc
Rut	Das Buch Rut	Rt
1 Sam	Das 1. Buch Samuel	1 Sam
2 Sam	Das 2. Buch Samuel	2 Sam
1 Kön	Das 1. Buch der Könige	1 Reg
2 Kön	Das 2. Buch der Könige	2 Reg
1 Chr	Das 1. Buch der Chronik	1 Par
2 Chr	Das 2. Buch der Chronik	2 Par
Esra	Das Buch Esra	Esd
Neh	Das Buch Nehemias	Ne
Tob	Das Buch Tobias	Tob
Jdt	Das Buch Judit	Idt
Est	Das Buch Ester	Est
1 Makk	Das 1 Buch der Makkabäer	1 Mac
2 Makk	Das 2. Buch der Makkabäer	2 Mac
Ijob	Das Buch Ijob (Hiob)	Iob
Ps	Die Psalmen	Ps
Spr	Das Buch der Sprichwörter	Prv
Koh	Kohelet	Eccle
Hld	Das Hohelied	Ct
Weish	Das Buch der Weisheit	Sap
Sir	Das Buch Jesus Sirach	Eccli
Jes	Das Buch Jesaja	Is
Jer	Das Buch Jeremia	Ier
Klgl	Die Klagelieder des Jeremia	Lam
Bar	Das Buch Baruch	Bar
Ez	Das Buch Ezechiel	Ez
Dan	Das Buch Daniel	Dn
Hos	Das Buch Hosea	Os
Joel	Das Buch Joel	Il
Am	Das Buch Amos	Am
Obd	Das Buch Obadja	Abd
Jona	Das Buch Jona	Ion

Mi	Das Buch Micha	Mich
Nah	Das Buch Nahum	Nah
Hab	Das Buch Habakuk	Hab
Zef	Das Buch Zefanja	Soph
Hag	Das Buch Haggai	Agg
Sach	Das Buch Sacharja	Zach
Mal	Das Buch Maleachi	Mal

Neues Testament

Mt	Das Evangelium nach Mattäus	Mt
Mk	Das Evangelium nach Markus	Mc
Lk	Das Evangelium nach Lukas	Lc
Joh	Das Evangelium nach Johannes	Io
Apg	Die Apostelgeschichte	Act
Röm	Der Brief an die Römer	Rom
1 Kor	Der 1. Brief an die Korinther	1 Cor
2 Kor	Der 2. Brief an die Korinther	2 Cor
Gal	Der Brief an die Galater	Gal
Eph	Der Brief an die Epheser	Eph
Phil	Der Brief an die Philipper	Philp
Kol	Der Brief an die Kolosser	Col
1 Thess	Der 1. Brief an die Thessalonicher	1 Thess
2 Thess	Der 2. Brief an die Thessalonicher	2 Thess
1 Tim	Der 1. Brief an Timotheus	1 Tim
2 Tim	Der 2. Brief an Timotheus	2 Tim
Tit	Der Brief an Titus	Tit
Phlm	Der Brief an Philemon	Philm
Hebr	Der Brief an die Hebräer	Hebr
Jak	Der Brief des Jakobus	Iac
1 Petr	Der 1 Brief des Petrus	1 Pe
2 Petr	Der 2. Brief des Petrus	2 Pe
1 Joh	Der 1. Brief des Johannes	1 Io
2 Joh	Der 2. Brief des Johannes	2 Io
3 Joh	Der 3. Brief des Johannes	3 Io
Jud	Der Brief des Judas	Ids
Offb	Die Offenbarung des Johannes	Apc

Selbstverständlich wird nicht nach den Seitenzahlen irgendwelcher Ausgaben zitiert (es sei denn, daß gerade diese Ausgaben vorgestellt werden), sondern mit Kapitel- und Versangabe (z. B. Röm 16,22). Beide Ziffern werden durch Komma getrennt. Bei verschiedenen Versen aus demselben Kapitel werden die Versangaben durch Punkte getrennt (z. B. Röm

1,3.6.8). Stellenaufzählungen aus verschiedenen Kapiteln bzw. Schriften werden durch Strichpunkte getrennt (z. B. Dtn 15,21 ff.; 24,17 f.; Lev 19). Die Abkürzung „f." wird benutzt, wenn nur der folgende, „ff.", wenn eine unbestimmte Menge folgender Verse gemeint ist; bei einer bestimmten Menge gibt man den ersten und letzten Vers mit an (z. B. Röm 2,3-9). Halbverse werden mit kleinen Buchstaben bezeichnet (z. B. 1 Kor 15,4b).

4.7.2 Jüdisch-hellenistisches Schrifttum außerhalb der Bibel

Für die Zitation der Schriften von *Qumran* hat sich die von der École biblique de Jérusalem empfohlene Methode durchgesetzt. Da die maßgeblichen Textausgaben diese Sigel enthalten, brauchen sie hier nicht eigens angeführt zu werden (vgl. 14.7.1).

Bei den übrigen hellenistisch-jüdischen Schriften außerhalb der Bibel zitiert man mit vollem Titel nach einer der üblichen Ausgaben. Für Spezialarbeiten sei auf das Abkürzungsverzeichnis zur TRE (S. XVf.) hingewiesen.

4.7.3 Patristisches und mittelalterliches Schrifttum

In der *Patrologie* sind normierte Titelkürzungen nicht in Gebrauch. Aus Bequemlichkeitsgründen abgekürzte Titel sollten leicht auflösbar – also „sprechende Abkürzungen"– sein. Da die meisten Texte in den großen Reihen erscheinen, kann man die Fundstellen am sichersten hiernach bezeichnen. Aber selbstverständlich gibt es auch hier für Spezialarbeiten Kürzungsmöglichkeiten[32].

Bei der Zitation *mittelalterlicher* Autoren haben sich Kurztitel vor allem beim Werk des Thomas von Aquin eingebürgert. Da sich die Gattungen des mittelalterlichen Schrifttums und auch weitgehend die Titel entsprechen, werden diese Abkür-

---

[32] Praktisch ist HThG.dtv I, S. 24 ff.; daneben für die griechische Patristik die Liste in PGL (14.8.3), S. IX ff.; vgl. auch *Der Kleine Pauly* (14.6.15) I, S. XXI–XXVI.

zungen *per analogiam* auch übertragen[33]. Wegen ihrer Stellung in der mittelalterlichen Theologie sind die Sentenzen des Petrus Lombardus noch besonders zu erwähnen.

Beispiele:

Die Sentenzen des *Petrus Lombardus* werden zitiert nach Buch und distinctio usw.: *Petrus Lombardus:* Sent. I, d. 43
Die *Sentenzenkommentare* der Scholastik entsprechend (mit einem „In" vor dem Titel): THOMAS VON AQUIN: In Sent. I, d 43, q. 2, a. 1
Eine Ausnahme bilden natürlich Sentenzenkommentare, die einen eigenen Titel führen,wie etwa die Ordinatio des Duns Scotus.
Die *Kommentare zur Heiligen Schrift* – soweit sie keine Sondertitel haben – werden unter Benutzung der lateinischen Abkürzungen der biblischen Bücher (vgl. 4.7.1) mit vorangestelltem „In" zitiert.
Die *Summa theologiae* des Thomas von Aquin wird nach ihren *partes* bezeichnet, die nach *quaestio* und *articulus* unterteilt werden. Innerhalb der Artikel werden die *objectiones* durchgezählt, die *responsiones* mit *ad* und der Nummer der *objectio* angegeben; der Hauptteil des Artikels heißt *corpus articuli* und wird mit „corp." oder „c." abgekürzt: S. th. I, q. 1, a. 2 corp. (= 1. Teil, 1. Quaestio, Hauptteil des 2. Artikels)
S.th. I-II, q. 3, a. 2, obj. 1 et ad 1 (*prima secundae,* d.h. 1. Teil des 2. Teils der Summa, 3. Quaestio, 2. Artikel, erster Einwand und Antwort darauf)

Die meisten scholastischen Schriftsteller können in Abwandlung dieser Beispiele zitiert werden. Titelkürzungen über die oben genannten Beispiele hinaus sollte man jedoch (außer vielleicht in mediävistischen Spezialarbeiten) eigens angeben. Am ehesten lassen sich wohl noch die *Aristoteleskommentare* abgekürzt zitieren (In De anima, In Metaph. usw.). Wie sehr man derartige Abkürzungen häufen kann, hängt vom Leserkreis ab.

---

[33] Eine grundlegende Einführung in das Werk des hl. Thomas von Aquin ist CHENU, Marie-Dominique: *Das Werk des hl. Thomas von Aquin /* PESCH, Otto-H. (Bearb.). Heidelberg: Kerle..., 1960 (Deutsche Thomas-Ausgabe, Erg.bd. 2). Die dort angegebene Titelliste der Werke Thomas von Aquins (S. 397 f.) verwendet allerdings z.T. sigelartige Kürzungen, die man nur in Spezialarbeiten verwenden sollte. – Gut ist wiederum die Liste in HThG.dtv I, S. 32. Ebd. 24 ff. finden sich auch Kürzungsvorschläge für die Werke anderer bedeutender Scholastiker.

4.7.4 Juristisches Schrifttum

Da die Zitation des *Corpus iuris canonici* nur für den Spezialisten von Bedeutung ist, kann hier auf die Ausführungen bei L. Fonck[34] verwiesen werden. Dort finden sich auch Angaben zum *Corpus iuris civilis* usw.

Bei den gegenwärtig gültigen kirchenrechtlichen Vorschriften der katholischen Kirche macht die Zitation nach dem *Codes iuris canonici* (CIC) mit Kanon und Paragraph keine Schwierigkeiten (z. B.: CIC, c. 82; c. 825 § 1). Wenn man jedoch den alten Codex zitieren will, sollte man zur Unterscheidung das Jahr seiner Promulgation angeben: CIC (1917). Die übrigen (neueren usw.) Erlasse und Bestimmungen zitiert man wie sonstiges Schrifttum nach den amtlichen Quellen (z. B. den Amtsblättern, den AAS usw.).

Die Zitation der Gesetzbücher des zivilen Rechts wird entsprechend der Paragraphenaufteilung vorgenommen. Die üblichen Kürzel für die Gesetzbücher können dabei als bekannt vorausgesetzt werden (z. B. StGB § 218).

---

[34] Fonck, L.: *Wissenschaftliches Arbeiten* (Anm. 2), S. 273 f. Dasselbe auch bei Quirin, H.: *Einführung in das Studium der mittelalterlichen Geschichte.* Braunschweig: Westermann, [1]1950, S. 111.

5 Lesen und Exzerpieren

„Zwei Stücke sind es vornehmlich, durch welche ein jeder zur Wissenschaft geführt wird: Lesen und Nachdenken“, schrieb schon Hugo von St. Victor (Didascalicon 1,1). Und auch heute noch ist es nützlich, sich einige Gedanken über das Lesen zu machen.

5.1 Lesetempo

Es gibt Lesegewohnheiten, die einem konzentrierten und zügigen Lesen im Wege stehen: das Buchstabieren (das wohl kein Fehler von Studenten sein dürfte), das Vokalisieren (das äußerliche oder innerliche Mitsprechen des Textes), das zu langsame und daher unkonzentrierte Lesen (zu oft schweifen die Gedanken ab) und die damit zusammenhängende Gewohnheit der Regression (immer wieder muß man Texte ein zweitesmal lesen, weil man sie nur überblickt, aber nicht aufgenommen hat) und schließlich das Wort-für-Wortlesen. Man kann diese schlechten Gewohnheiten durch ein konsequentes Lesetraining abstellen. „Schnell-Lesen“, „Dynamisches Lesen“ u. ä. sind die entsprechenden Programme betitelt, die in großer Auswahl angeboten werden.

Wie man schon der Aufzählung hinderlicher Lesegewohnheiten entnehmen konnte, geht es um kein reines Schnelligkeitstraining. Vielmehr soll die Steigerung der Lesegeschwindigkeit gleichzeitig zu größerer Konzentration und – im Zusammenhang mit anderen Übungen – auch zu genauerem Durcharbeiten und besserem Behalten des Gelesenen führen:

„Wenn man zu schnell oder zu langsam liest, versteht man nichts" (Pascal: Pensées, Br. 69)[35].

Es gibt selbstverständlich noch andere sinnvolle Formen des Lesens: so das betrachtende Lesen etwa eines Schrifttextes oder – doch – das zumindest innerliche Nachsprechen, ohne das der Nachvollzug eines poetischen Textes wohl nicht möglich ist. In bestimmten Zusammenhängen wissenschaftlicher Arbeit spielen auch diese Formen eine Rolle[36].

5.2 Studierendes Lesen

Wer sagt, er habe ein Buch „durchstudiert", meint, daß er es besonders gründlich gelesen habe. Hier liegt der qualitative – nicht quantitative – Schwerpunkt bei der Benutzung von Fachliteratur[37]. Zum studierenden Lesen gehören mehrere Schritte: Man muß sich zunächst einen *Überblick* über das zu lesende Buch verschaffen. Die aufmerksame Durchsicht des Inhaltsverzeichnisses, die Lektüre der Einleitung, eine gute Rezension u.a. können hier helfen. Dem Eingearbeiteten sagt vielleicht bereits der Name des Autors einiges aus. Er wird sich auch ansehen, welche Literatur verarbeitet ist (Literaturverzeichnis).

Wichtig ist es, sich seine *eigene Fragestellung* an das Buch klarzumachen: Lese ich unter einem bestimmten Blickpunkt? Welches sind die Hauptprobleme? Oder geht es mir nur um ei-

---

[35] Für die obigen Hinweise haben wir das Bändchen von Ernst Ott: *Optimales Lesen : schneller lesen – mehr behalten.* 52.–70. Taus. Reinbek : Rowohlt, 1973 (rororo 6783) benutzt. Es gibt mehrere derartige Programme im Buchhandel. – Umfassend zu allen Aspekten des Themas „Lesen" ist Alfred C. Baumgärtner (Hrsg.). *Lesen : ein Handbuch.* Hamburg : Verl. f. Buchmarktforschung, 1973. Dort findet man auch bedenkenswerte und Schnelligkeitsoptimismus relativierende Sätze, z.B. S. 449f.: „Im Deutschen ist ein sinnvolles Lesen ohne gelegentliche Einschaltung des akustischen Apparates gar nicht möglich, einfach deshalb nicht, weil sich der Inhalt eines deutschen Satzes oft erst auf der Grundlage einer Klanginterpretation ergibt". Nichtsdestoweniger ist Lesetraining auch im Blick auf Schnelligkeit sinnvoll.

[36] Vgl. dazu Jean Guitton: *Sagesse* (Anm. 8), S. 226.

[37] Neben E. Ott (Anm. 35) vgl. dazu auch Naef, Regula D.: *Rationeller Lernen lernen* (Anm. 5), bes. S. 22ff.

nen allgemeinen Überblick? Selbstverständlich hören die Fragen bei der Lektüre nicht auf. Vielmehr kommt es hier zu einer Begegnung meines Vorverständnisses mit demjenigen, das der Verfasser ausgearbeitet hat. Die Fruchtbarkeit der Lektüre liegt gerade darin, daß mein Vorverständnis durch sie entweder bestätigt oder aber in Frage gestellt, korrigiert, ergänzt wird. Je nach Art des Themas werden dabei meine Erfahrungen in die Auseinandersetzung mit dem Autor eingebracht.

Es wird wichtig sein, bei Gedankenschritten zu *rekapitulieren,* sich nochmals den Zusammenhang klarzumachen, besonders auf zusammenfassende Äußerungen zu achten, die Hauptideen herauszustellen usw. Zu solchem Zweck sollte man die Lektüre gegebenenfalls unterbrechen und über den erarbeiteten Stoff nachdenken. Das dient auch dem besseren Behalten des Gelesenen.

Seine eigenen Bücher sollte man mit Bleistift durcharbeiten. *Anstreichungen* dienen zum einen dem Gliedern im Verlauf des Lesens; sie sollen wichtige, eindrucksvolle, unklare, falsche usw. Stellen markieren und haben so natürlich auch eine Funktion für die Wiederholung. Solchermaßen durchgearbeitete Bücher können später viel leichter erneut benutzt und „kursorisch" gelesen werden. Es ist dabei gut, sich ein – nicht zu ausgefeiltes – System von Zeichen beizulegen und es systematisch anzuwenden. In vielen Fällen werden schon die Unterstreichung und das Unterschlängeln ausreichen – das eine für Wichtiges, das andere für Zweifelhaftes. Ergänzen kann man beides durch Buchstabensymbole („Z" für Zusammenfassung usw.). Man kann auch den inneren Rand der Seite für formale und den äußeren für inhaltliche Anmerkungen benutzen. Es kommt weniger auf die Methode des Unterstreichens und Anmerkens an als auf den Effekt. Komplizierte Anstreichungssysteme sind allerdings wohl eher hinderlich.

Ein noch strengeres System macht sich aber eventuell bei „Paukstoff" bezahlt. Hierbei kann – etwa in Vorlesungsskripten – auch ein Arbeiten mit Farbstiften sinnvoll sein. Dies gilt besonders für Lehrbücher, die nach altem Muster in Thesenform mit nach Wichtigkeit gegliedertem „Merkstoff" angelegt sind. Farbanstreichungen erleichtern dann z. B. die bloße Wiederholung der Thesen oder nur der biblischen Begründungen usw. (Achtung: Bei spiritusvervielfältigten Vorlesungsnachschriften könnten Marker die Farbe auflösen, was wenig Nutzen bringt!)

5.3 Kursorisches Lesen

Die Menge gedruckten Materials macht das kursorische Lesen, das nicht einfach als oberflächliches Lesen verstanden werden darf, immer wichtiger. In vielen Fällen kommt es zunächst einmal auf eine Vorinformation an: Lohnt sich ein gründliches Durcharbeiten dieses Buches? Bringt es für meine Arbeit einen neuen Impuls? Sind hier neue oder andersartige Thesen entwickelt? – In anderen Fällen ist eine grobe Kenntnisnahme aus irgendwelchen Gründen unbedingt notwendig, ein systematisches Erarbeiten aber überflüssig.

Kursorisches Lesen setzt ein gewisses Vorwissen über den Gegenstand voraus und will daher auch gelernt sein. Die Kunst besteht im Aufspüren der wesentlichen Aussagen des Textes. Methodisch kann man dabei so vorgehen, daß man sich an die Gliederung des Verfassers hält, seine Hervorhebungen besonders beachtet, zusammenfassende Abschnitte gründlicher liest, im Überfliegen der Seiten die zentralen Begriffe sucht und ihren Kontext etwas genauer beachtet usw. – Einfacher ist es, wenn das kursorische Lesen nur den Sinn hat, ein Buch oder einen Aufsatz auf eine ganz bestimmte Frage hin zu untersuchen. Wenn einige „Reizworte“ den Umkreis des Problems genügend bezeichnen, kann man beim Durcheilen des Textes gewissermaßen warten, bis man über sie „stolpert“.

Die Fertigkeit der kursorischen Lektüre ist freilich durch schlechte Lesegewohnheiten beeinträchtigt. Das in 5.1 Gesagte ist daher hier grundlegend.

Das Exzerpieren, also das Notieren der wesentlichen oder wichtiger Gedanken eines Textes, dient der Gedächtnisentlastung: Auch ein gründlich erarbeitetes Buch bleibt nicht immer und oft nicht sehr lange im Gedächtnis haften. So ist es von Vorteil, wenn man sich bestimmte Gedankengänge nochmals anhand seiner Aufzeichnungen klarmachen kann.

Zum Teil kann dies aber auch erreicht werden, wenn man ein Buch gründlich mit Anstreichungen durchgearbeitet hat (ein *eigenes*, versteht sich!): Im Durchblättern sieht man dann sehr schnell, welche Argumentationen entscheidend waren oder auch – wenn's darauf ankam – wo die pointierte Formulierung, das Bonmot usw. standen. Bei Büchern, die man nicht selbst besitzt, wird man in vielen Fällen zur Fotokopie greifen[38]. Jedenfalls ist sie bei kleineren literarischen Einheiten inzwischen so preisgünstig, daß sich dadurch ein umfängliches Exzerpieren erübrigt.

Trotzdem bleibt das Exzerpt in vielen Fällen wichtig, besonders, wenn es darum geht, für eine konkrete Arbeit Material bereitzustellen. Exzerpieren hat hier den Sinn, daß man beim Entwurf der Arbeit ohne langes Suchen die Aussage finden kann, die man für seine Thesen benötigt. Eine erste Art solcher Belege sind die bibliographischen Angaben der benutzten Schriften. Zwar ist das Notieren eines Titels noch kein „Exzerpieren". Für einen sinnvollen Ertrag im Umgang mit Exzerpten ist aber die Voraussetzung, daß man jederzeit die bibliographischen Angaben parat hat. Daher wird man sich am besten die Literatur zu seinem Thema auf Zetteln bzw.

---

[38] Das derzeitige Urheberrecht regelt die Frage des Kopierens für den eigenen wissenschaftlichen Gebrauch relativ großzügig. Vgl. *Urheberrecht : Kommentar zum Urheberrechtsgesetz und zum Wahrnehmungsgesetz* / FROMM, Friedrich K. (Begr.) ; NORDEMANN, Wilhelm... Stuttgart : Kohlhammer, [5]1983. Die neusten Änderungen des Urheberrechtsgesetzes vom 24. Juni 1985 (*Bundesgesetzblatt* T. 1, Nr. 33, S. 1137 ff.) untersagen die *im wesentlichen vollständige* Fotokopie eines Buches oder einer Zeitschrift ohne Einwilligung des Berechtigten, gestatten sie aber, wenn das Werk mindestens zwei Jahre vergriffen ist. Der Urheberrechtsschutz erlischt 70 Jahre nach dem Tod des Urhebers.

Karteikarten exakt notieren. Die eigentlichen Exzerptkarten benötigen dann nur noch gekürzte (aber eindeutige!) Verweisungen auf diese bibliographische Kartei. Das internationale Postkartenformat (DIN A 6) dürfte hierfür ausreichend und günstig sein. Wir empfehlen es auch für die eigentlichen Exzerpte.

Das Exzerpt dient der Fixierung dessen, was für die spätere Arbeit von Bedeutung ist. Es kann in verschiedenen Formen angelegt werden. Etwa als *Schlagwortexzerpt:* Zu den entscheidenden Begriffen der begonnenen Arbeit notiert man sich die entsprechenden Quellentexte, Interpretationshinweise, kontroverse Meinungen und anderes wichtiges Material. Der Exzerptzettel enthält oben das Schlagwort – nach dem er ja eingeordnet und aufgefunden werden soll –, dann den Text und die bibliographische Referenz. Es ist wichtig, die Exzerpte formal so auszuführen, daß sie später lesbar sind, daß Zitate wörtlich übernommen werden können, daß die Seitenangaben genau notiert sind usw. Manche Autoren empfehlen noch eine Datumsangabe auf dem Zettel. Das ist insofern u. U. wichtig, als bei einer längeren Arbeit in verschiedenen Stadien die Zielsetzung und Methode wechseln können und das Datum die rechte Zuordnung erlaubt. Es läßt sich im übrigen auch schnell durchführen – etwa im Zuge einer wöchentlichen Einordnung der Exzerpte mit Hilfe eines Datumsstempels. Dieser bewirkt gleichzeitig, daß das Datum auffällig genug angebracht ist. Für kleinere Seminararbeiten ist derlei aber nicht nötig.

Inhaltlich kann das Schlagwortexzerpt durchaus unterschiedliche Funktionen übernehmen: Es kann als *Zitierexzerpt* angelegt werden, wenn das Exzerpierte später in die eigene Arbeit als Zitat eingehen soll, oder als *Florilegienexzerpt,* wenn gute Formulierungen usw. gesammelt werden sollen, oder aber als *Referateexzerpt,* wenn eine Sache zusammenfassend selbst formuliert wird. Für Prüfungszwecke braucht man ein *Memorierexzerpt,* das die dargestellte Sache mnemotechnisch günstig wiedergibt und sie besonders einprägsam macht (Thesenform o. ä.). Letzteres wird freilich meist schon zur nächsten Gattung gehören, bei der es gilt, vollständige literarische Einheiten zusammenzufassen.

Neben dem Schlagwortexzerpt bietet sich nämlich noch eine andere Möglichkeit an: das *Verfasserexzerpt*[39]. Sein Sinn ist, die durchgearbeiteten Texte in ihrer Ganzheit zur Verfügung zu stellen. Es ist also nicht so abhängig von einer konkreten Fragestellung (freilich auch nicht so unabhängig, wie manche meinen, die es propagieren) wie das Schlagwortezerpt und ist daher – wenn eine konkrete Arbeit abgeschlossen ist – eher des Aufhebens wert. Eine konsequent über ein ganzes Studium hin angelegte Verfasserexzerpt-Kartei hätte natürlich einen großen Informationswert. Dem steht aber entgegen, daß der Student der Theologie in mehreren Einzelfächern sein Grundstudium durchführen muß, die ihm später nicht alle gleich wichtig sein werden. Zudem ist der Kauf der Grundliteratur dem Exzerpt vorzuziehen. Schließlich ist die Mühe des Exzerpierens gerade im Fall des Verfasserexzerpts sehr groß: Statt zu exzerpieren, kann man manche andere Arbeit tun und manches andere Buch lesen.

Trotzdem ist aber auch das Verfasserexzerpt sinnvoll, zumal es Karteiformen gibt, die das Abrufen von „Schlagwörtern" auch aus einer Verfasserkartei ermöglichen (6.5). Letztlich lohnt sich die Mühe einer umfangreichen Exzerptkartei jedoch wohl nur für denjenigen, der ein wissenschaftliches Gebiet auf lange Zeit bearbeiten will. Für ihn bedeutet eine solche Kartei eine private Dokumentationsstelle. Bei gut formalisierbaren Fragestellungen lohnt sich dann sogar ein größerer technischer Aufwand, wie ihn die mechanischen Selektionskarteien verlangen.

---

[39] Vgl. hierzu GRESCHAT...: *Studium und wissenschaftliches Arbeiten* (Anm. 1), S. 82ff. Dieses Buch behandelt sehr gründlich die Anlage einer „privaten Dokumentation". Sein Fehler liegt vielleicht darin, daß er dies zu generell schon für Anfänger empfiehlt und andere Möglichkeiten der Erschließung der eigenen Materialien, den Einsatz der Fotokopie usw. wohl zu gering veranschlagt.

5.5 Eigene Notizen

Legt man sich seine Arbeitsmaterialien im Sinne einer Schlagwortkartei an, so kann man eigene Reflexionen, Einfälle, Analysen usw. im Grund auf die gleiche Weise wie Schlagwortexzerpte behandeln. Auch die eigenen Kommentare zur durchgearbeiteten Literatur brauchen nicht gesondert behandelt zu werden. Arbeitet man mit Verfasserexzerpten, so ist die Unterscheidung zwischen *Kommentarkarten* und *Notizkarten*[40] nützlich. Man sollte die verschiedenen Gattungen dann auch formal - etwa farblich - unterscheiden.

Der Inhalt solcher Eigenaufzeichnungen wechselt je nach Thema, theologischem Fach oder jeweiliger Methodik erheblich. Im übrigen ist es wesentlich eine Frage des Arbeitsstils, wieviel von seinen eigenen Überlegungen man sich schriftlich notieren muß.

Abgesehen von lektürebegleitenden Reflexionen und den sonstigen fachlichen Notizen zu einer bestimmten Arbeit, kann natürlich die schriftliche Fixierung der arbeitstechnisch und inhaltlich nächsten Aufgaben sehr nützlich sein. Doch sind diese Notizen nicht mit den streng sachbezogenen Ausführungen zu einer bestimmten Arbeit zu verwechseln und daher nicht den Exzerpten zuzuordnen. Am besten notiert man sich solche Dinge auf andere Weise, etwa indem man sich ein kleines Ringbuch dafür zulegt.

---

[40] Vgl. ebd., S. 90–92.

6 Materialsammlung, Kartei

In diesem Abschnitt machen wir zunächst einmal eine Pause in der Vorbereitung der schriftlichen Arbeit, der wir bislang in einigen Stadien gefolgt sind, und fragen uns, wie wir denn das ganze schriftliche Material praktisch ordnen können: Exzerpte, Notizen, Vorlesungsnachschriften, vervielfältigte Arbeitspapiere, Fotokopien usw. Dabei stellen sich zwei Probleme: das technische, das hier behandelt werden soll, und das der sachlichen Klassifikation (vgl. 7).

6.1 Formatfragen

Glücklicherweise hat man es in der Theologie nicht mit Gesteinsproben, Herbarien usw. zu tun, sondern meist mit Papier, und so geben wir nur hierzu Hinweise.

Zunächst sollte man sich auf bestimmte Papierformate beschränken. Da aufgrund von Normen das Angebot weitgehend vereinheitlicht ist, hält man sich am besten an diese Maße. Die DIN-Formate der A-Reihe, die hier zu benutzen sind, entstehen – ausgehend vom Format DIN A 0 (841 × 1 189 mm) – jeweils durch Halbieren des größeren Formats. Man wird mindestens mit zwei Formaten arbeiten müssen: Das Format DIN A 4 (210 × 297 mm), das für Briefblöcke, Schreibmaschinenpapier u. a. üblich ist, wird im allgemeinen für vervielfältigte Arbeitsmaterialien, Fotokopien usw. verwendet. Am besten legt man seine größeren Aufzeichnungen (wie Vorlesungsmitschriften, Entwürfe usw.) in diesem Format an.

Daneben benötigt man aber ein kleineres Format für Literaturkarteien, Schlagwortexzerpte, Notizen usw. Das Format DIN A 6 (105 × 148 mm = Postkarte) ist dafür am besten geeignet[41]. Für reine Titelkarteien genügt zwar auch DIN A 7, doch lassen sich auf diesem Format kaum Notizen unterbringen, und bei stärkeren Papieren ist eine Beschriftung mit der Schreibmaschine nur schwer möglich.

Leider sind nicht alle DIN-Formate ästhetisch schön[42]. So ist es kein Wunder, daß *Buchformate* den DIN-Normen meist nicht entsprechen. Herkömmlich ging man bei ihnen von der Falzung eines Papierbogens aus. Dessen Größe schwankte jedoch zwischen 330 × 420 mm und 470 × 780 mm, so daß man Groß- und Kleinformate unterscheiden muß. Einmaliges Falzen des Bogen ergibt das Folioformat (2°, 2 Blätter, also 4 Seiten), zweimaliges das Quartformat (4°, 4 Bl., 8 S.), dreimaliges das Oktavformat (8°, 8 Bl., 16 S.), viermaliges das Sedezformat (16°, 16 Bl., 32 S.). Die historischen Formate haben somit mehr mit der Laufrichtung des Papiers als mit der Größe zu tun. Die mittleren Formate in älteren Bibliothekskatalogen oder Bibliographien gehen dagegen von durchschnittlichen Buchgrößen aus (bis 25 cm = 8°, bis 35 cm = 4°, bis 45 cm = 2° ; anders jedoch bei der Beschreibung historischer Bestände in Inkunabelkatalogen). Heutzutage gibt man Formate in cm der Buchhöhe an (bei Querformaten Höhe × Breite).

---

[41] Vgl. Norm DIN 476 *Papier-Endformate,* auch abgedruckt in *Publikation und Dokumentation 1* (Anm. 26), S. 11–15

[42] Vgl. Tschichold, Jan: Normformate sind nicht immer brauchbar. In: Ders.: *Erfreuliche Drucksachen durch gute Typographie.* Ravensburg : Maier, 1960, S. 111 ff. Tschichold empfiehlt dort, DIN A 4-Bögen für den privaten Gebrauch um 17 mm in der Höhe zu kürzen, DIN A 5-Formate in der Breite um 8 mm, so daß sich die Formate 21 × 28 und 14 × 21 cm ergeben. Daß das bei Offset-Reproduktionen übliche DIN A 5-Format (etwa im Dissertationsdruck) kein schönes Buchformat ist, kann man wohl auch erkennen, ohne sich in die Proportionsregeln von Tschichold zu vertiefen.

6.2 Aufbewahren größerer Formate

Je nachdem, ob es sich um Einzelblätter oder größere, viele Blätter umfassende Texte (wie etwa vervielfältige Vorlesungsnachschriften) handelt, wird man in verschiedener Weise vorgehen. *Umfangreiche Skripten* kann man z. B. in den üblichen *Ordnern mit Hebelmechanik* unterbringen. Der Nachteil besteht darin, daß diese Ordner einen relativ hohen Platzverbrauch durch die Mechanik haben (abgesehen von Ordnern mit Spezialmechanik); ferner lassen sich die eingelegten Schriftstücke nicht gut blättern; sie müssen also zum bequemen Lesen aus dem Ordner genommen werden; drittens ist das Lochen bei größeren Textmengen sehr zeitraubend, wenn man nicht einen großen Bürolocher mit Anlegeschiene besitzt. Der Vorteil dieses Aufbewahrungssystems besteht darin, daß man leicht Blätter einschieben kann.

Eine alternative Methode ist in diesen Fällen die *Klammerheftung*, doch braucht man hierzu ein größeres Heftgerät. Es empfiehlt sich daher eher die *Klebebindung*, wie man sie normalerweise vom Buchbinder für Staatsarbeiten, Dissertationen usw. durchführen läßt. Wem dies zu teuer ist, der kann seine Arbeiten und Materialien auch selbst klebebinden. Dazu verwendet man Spezialklebstoffe (z. B. Planatol), die eine genügende Elastizität im getrockneten Zustand besitzen. Der zum Einbinden vorbereitete Blätterstoß muß ganz glatt aufgestoßen werden. Er wird dann am besten mit einer Schraubzwinge zwischen zwei Brettern eingespannt, und zwar so, daß der Kleberand genügend weit übersteht, damit man die Blätter etwas auffächern kann. Das ist nötig, damit genügend Klebstoff zwischen die Blattenden gelangen kann. Der Kleberand wird so mit dem Klebstoff fest eingestrichen. Auf die Klebestelle wird möglichst ein Gazestreifen gelegt und mit angeklebt. Wenn man noch zwei feste Deckel zuschneidet und den Rücken mit Leinenstreifen oder Tesaband überklebt, ist das Ganze auch ästhetisch annehmbar. – Entsprechend vorbereitete Deckel, in die man nur noch die Blätter einzulegen braucht (der Rückenstreifen besitzt bereits eine Klebstoffschicht), werden auch im Bürofachhandel angeboten. Ohne zusätzliches Einstreichen des Buchrückens mit Spezialklebstoff sind diese Bindungen jedoch nicht ausreichend haltbar.

Natürlich sollen nicht alle Blätter, die man aufheben will, fest verleimt werden. Für *Einzelblätter* bietet sich nach wie vor der *Ordner* mit Hebelmechanik bzw. das *Ringbuch* an. – Sehr praktisch sind auch *Hängeregistraturen.* Sie bestehen aus einem Draht- oder Kunststoffrahmen, den man einzeln kaufen oder auch in System-Schreibtischen vorfinden kann. In diesen Rahmen kann man Hängemappen verschiedener Art oder auch Hängehefter einhängen. Mit Klarsichtstreifen beschriftbar ist ein solches System sehr übersichtlich und praktisch. Die Mappen kommen der Faulheit resp. Arbeitsökonomie entgegen: Mit einem Handgriff kann man alles sachlich geordnet verschwinden lassen. Nachteile der Hängeregistratur sind die relativ hohen Preise für die Mappen und ferner die überstehenden Einhängeschienen, die den Transport in Aktentaschen erschweren.

Den letztgenannten Nachteil der Hängeregistratur und die schlechte Raumausnutzung herkömmlicher Ordner vermeiden bestimmten Formen der *lochlosen Ablage* (z. B. Mappei, Wuppertal; Colling's System, Schwanewede). Hierbei werden Blätter in kleine, relativ preiswerte Mappen aus Papier – oder auch vornehmer in teurere Klarsichtmappen – eingelegt. Diese können mit Klebeschildern (Taben) beschriftet werden. Man bewahrt sie in Ordnungsbehältern in der Größe von Ordnern wie in einer Kartei auf. Diese Behälter können oben oder seitlich geöffnet sein (Vertikal- oder Lateralablage). Vorteil ist die karteimäßige Ordnungsmöglichkeit und die leichte Transportierbarkeit.

Für die Aufbewahrung von *Kleinschriften* oder *Fotokopien* eignen sich auch einfache Pappschuber. Man kann diese in sehr vornehmer Leinenausführung oder als sog. Archivschachteln in Pappe kaufen. In Bibliotheken fallen sehr brauchbare Schuber häufig an, da viele großformatige Bücher darin verpackt werden.

6.3 Zettelkasten, Steilkartei

Bei Aufzeichnungen im Format DIN A 6 (und kleiner) ist die ideale Aufbewahrungsform die Kartei. Falls man sich Karteikästen kauft, sollte man vorher überlegen, ob man sie später stapeln will (dann braucht man Zugkästen, keine Kästen mit Deckel), in einen System-Schreibtisch einsetzen (Norm-Maße) oder mit „Einzelstücken" arbeiten will. Die Abmessungen sind nach DIN 4544 genormt.

Die einfachste Ordnung von Karteien erzielt man mit Hilfte von Leitkarten. Diese besitzen einen über die anderen Karten herausragenden Vorsprung (Tab), der mit dem Ordnungswort, der Ordnungsziffer oder dem entsprechenden Buchstaben beschriftet werden kann. Untergliederungen nimmt man entweder durch weitere beschriftbare Aufsteckreiter (z. B. mit Klarsichtfenstern) vor oder durch einfache, bloß markierende Reiter. Man kann dabei auch der Farbe, Form und Stellung dieser Reiter eine besondere Bedeutung zuordnen und auf diese Weise (mit Hilfe einer Leitkarte, die die Schlagworte an der zugehörigen Stelle verzeichnet) etwa eine Verfasserexzerpt-Kartei nach Schlagwörtern gliedern (vgl. Abbildung).

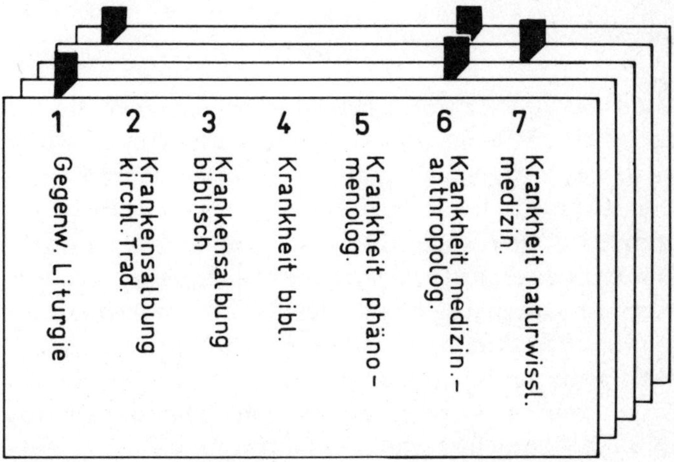

Beispiel einer Leitkarte mit grober Schlagwortordnung zur „Krankensalbung"

Das gleiche läßt sich geschickter auch mit Karten durchführen, die am oberen Rand eine Schlitzloch-Perforierung besitzen, in die unverschiebbare Kunststoffreiter eingesetzt werden können. Für ad-hoc-Karten, die nur einer bestimmten, kurzfristigen Arbeit dienen, ist dieses Verfahren freilich zu aufwendig. Eine einfachere Ordnung mit Hilfe von einfachen Leitkarten mit Ordnungs-Schlagwörtern wird meist ausreichend sein.

Die letztgenannten Sonderformen haben natürlich auch preisliche Nachteile, weil sie stärkere Papiere voraussetzen. Für normale Exzerpte und Notizen im Format DIN A 6 genügen Blätter in einfacher Papierqualität (etwa 70 g/m^2). Bei DIN A 5-Karteien wäre deren Standfestigkeit aber schon zu gering. Da es Vorteile hat, die Karten nur einseitig zu beschreiben, genügt im Grunde auch Konzeptpapier, das bereits einseitig benutzt (z. B. bedruckt) ist. Dies ist jedoch eine Geschmacksfrage, und wessen Arbeitskraft durch schönere Materialien erhöht wird, der kann natürlich hier die qualitätsmäßig besseren, aber teureren handelsüblichen Karteikarten verwenden.

6.4 Sonderformen der Kartei

Für wissenschaftliche Zwecke genügt im allgemeinen die einfache Steilkartei. Manche organisatorische Probleme (etwa bibliothekarischer Art, vielleicht aber auch in der Pfarrei-Organisation o. ä.) lassen sich aber besser mit weiteren Hilfsmitteln oder anderen Karteiformen lösen. So kann man beispielsweise die Steilkartei durch *Schrägsicht-Leitkarten* verbessern. Bei derartigen Karteien stehen die Karteikarten *vor* einer Leitkarte, die mit den Ordnungswörtern beschriftet ist. Die Karteikarten tragen an der Stelle, an der auf der Leitkarte das zugehörige Ordnungswort erscheint, eine Reitermarkierung (vgl. Abbildung). Solche Schrägsichtleitkarten kann man etwa zur Ordnung von Sichtlochkarten (vgl. 6.5.2) verwenden.

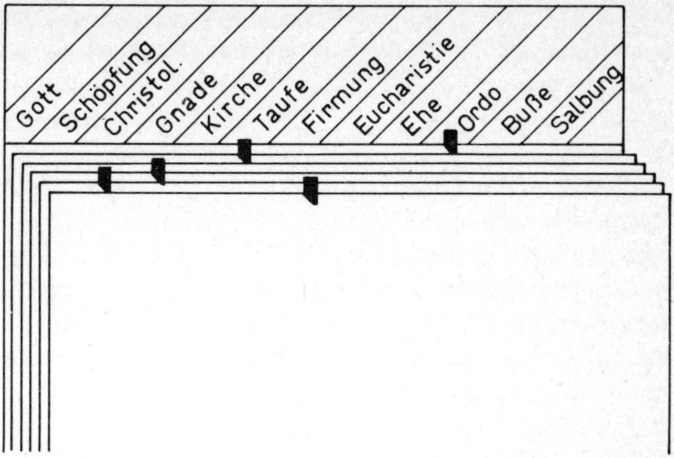

Für manche Zwecke ist auch die *Flachkartei* von Vorteil: Hier liegen die Karteikarten schuppenartig übereinander, so daß der Titel einer jeden Karte ohne Blättern zu sehen ist und das lästige Durchsuchen der Kartei entfällt. Weitere Informationen können durch Reiter ausgedrückt werden. Schuppenkarteien gibt es auch in Ringbuchform. Sie sind dort einzusetzen, wo oft nachgeschlagen werden muß, nur kleinere Kartengruppen gebraucht werden und die Eintragungen von Hand vorgenommen werden können.

Für Adreßkarteien, aber auch für einige wissenschaftliche Zwecke, bei denen man sie bislang kaum beachtet, wie bei der Anlage von Titellisten (Literaturverzeichnissen) oder eventuell auch der Anfertigung von Registern, bietet sich die *Streifenkartei* an. Sie besteht aus einem tafelartigen Rahmen, in den beschriftete Papierstreifen eingeschoben werden können. Sie ist also eine durch Aufsicht – ohne Blättern – ablesbare Flachkartei. Man kann sie daher auch ohne weiteres fotokopieren. Die Rahmen können in Ständern oder Ringbüchern verwahrt werden, bei anderen Ausführungen miteinander zusammenklappbar verbunden werden (Leporello-Form). Im Bürofachhandel sind diese Dinge allerdings meist nicht gerade billig.

Weitere Arten der Kartei – Hängekartei, Breitkartei, Fächerkartei usw. – und bürotechnische Hilfsmittel nennt die Fachliteratur. Im Bedarfsfall wird man sich dort informieren[43].

6.5 *Mechanische Selektionskarteien*

Die Schwierigkeit, eine Kartei mit alphabetisch geordneten Verfasserexzerpten o.ä. nach sachlichen Gesichtspunkten auszuwerten, läßt sich z.T. durch Bereiterung lösen; eleganter kann dies jedoch mit Hilfe mechanischer Selektionskarteien durchgeführt werden.

6.5.1 Randlochkartei

Die einfachste Form, die *einreihige Randlochkarte,* besitzt eine um die ganze Karte laufende Randlochreihe (bei DIN A 5 können dies fast 80 Lochstellen sein). Das Innere der Karte kann beschriftet werden und enthält u.U. – nach Wunsch – einen bestimmten Vordruck. Bei der einfachsten Form der Verschlüsselung, dem sog. *linearen Schlüssel,* wird jeder Lochstelle ein bestimmter Begriff zugeordnet. Bei Belegung wird der Steg über dem Loch mit einer Lochzange entfernt. Steckt man an der entsprechenden Stelle eine Selektiernadel durch den Kartenstoß, so fallen die Karten, die die gesuchte Information enthalten, unten aus dem Stapel heraus. Durch die gleichzeitige Verwendung mehrerer linearer Schlüssel entsteht ein sog. *kombinierter Schlüssel:* Dabei wird ein Teil der Lochstellen beispielsweise den Hauptgesichtspunkten der Dogmatik zugeordnet (etwa den Traktaten), ein anderer für die Chronologie verwendet, ein dritter für die Verschlüsselung des Verfasseralphabets, ein vierter für die behandelten Autoren. Mit einer Selektion können so alle Karten zur Christologie ausgesondert werden, mit einer zweiten aus die-

---

[43] Vgl. zu Karteien generell WEILENMANN, Gottfried: *Die zweckmäßige Kartei.* Stuttgart : Taylorix, ^{2}1980.

sem Stoß alle zur patristischen Zeit, alle von Verfassern mit einem bestimmten Namen(sinitial) usw. In der Korrelierbarkeit der Fragestellungen liegt der wesentliche Vorteil derartiger Selektionskarteien.

Es gibt verschiedene Möglichkeiten, die Kapazität der Karten für die Informationsspeicherung zu erhöhen: additive Schlüssel, Dreiecksschlüssel, mehrreihige Randlochkarten, Flächenlochkarten usw. Die Fachliteratur informiert darüber.

Die Nützlichkeit der Randlochkarten ist leicht einzusehen. Das Verfahren erinnert ein wenig an die Leistungen der elektronischen Datenverarbeitung, wobei der eigentliche technische Aufwand relativ gering ist: eine einfache Kerbzange und eine (bzw. mehrere) Stricknadel(n) genügen. Vorteilhaft ist auch, daß man Randlochkarten nicht ordnen muß.

Die Hauptschwierigkeit bereitet die Erstellung des Schlüssels, da bei unsachgemäßer Anlage Fehlerquellen auftreten können. Wer nicht selbst nach Konsultierung der Fachliteratur einen Schlüssel erarbeiten will, sollte besser auf einen bereits ausgearbeiteten zurückgreifen[44].

Gegen eine generelle Empfehlung des Verfahrens ohne Blick auf die Spezialisierung für ein bestimmtes theologisches Fach oder eine bestimmte Fragestellung muß man allerdings erhebliche Bedenken anmelden, schon wegen des großen Zeitaufwandes. Wer jedoch eine bestimmte, genau formalisierbare Fragestellung ausarbeiten will, kann sich damit u. U. ein sehr leistungsfähiges Dokumentationssystem aufbauen.

---

[44] Etwa den von dem Autorenteam M. Greschat u. a. erarbeiteten Schlüssel *Theologie : Schlüssel zur EKAHA-Randlochkarte Nr. 020200 (DIN A 5)* von G. Brakelmann u. a. Münster i. W.: Evang. Theol. Fakultät, 1969; dazu die Erläuterungen in M. Greschat ...: *Studium und wiss. Arbeiten* (Anm. 1); oder für die Philosophie: *Schlüssel für Schlitzloch-Kartei.* Pullach : Berchmanskolleg, 1962 (zur Vier-Felder-Schlitzlochkarte der Firma ALLFORM, Vordruck A 690/PD 9). - Neben den Lochkarten der genannten Firmen sind mir noch diejenigen des Lochkartenwerks Schlitz, 6407 Schlitz/Hessen bekannt. Auch hier kann man Informationen zur Erstellung von Schlüsseln erhalten. Generell vgl. dazu Trumpf, H.-J.: *Die Lochkartenfibel.* Hannover : EKAHA, [4]1971.

6.5.2 Sichtlochkartei

Während bei der Randlochkartei das Ergebnis der Selektion ein Dokument (Verfasserexzerpt o. ä.) ist, verschlüsselt die Sichtlochkartei nur Nummern. Diese können dann auf beliebiges Material verweisen: auf eine Schriftensammlung, eine andere Kartei, Bücher, Karten oder sonstige Dinge. Die Sichtlochkartei dient also der Auffindung von archivierten Materialien nach sachlichen Gesichtspunkten.

Die Anlage einer Sichtlochkartei[45] geht folgendermaßen vonstatten: Jedes Dokument, das abgelegt werden soll, erhält eine fortlaufende Nummer. In dieser Reihenfolge werden die Dokumente auch aufbewahrt. Für jeden sachlichen Gesichtspunkt, der verschlüsselt werden soll, wird eine Karte angelegt.

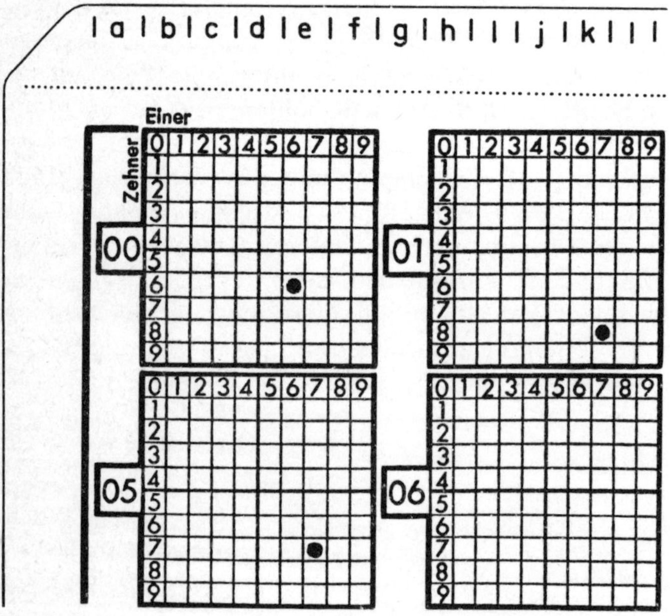

Ausschnitt aus einer Sichtlochkarte DIN A 5 mit 2000 Lochstellen

---

[45] Vgl. dazu Claus, F.: *Das Sichtlochkartenverfahren.* Berlin: Dt. Akad. d. Wiss., Inst. f. Dokumentation, 1963 (Bücherei des Dokumentalisten 17); H.-J. Trumpf, *Lochkartenfibel* (Anm 43).

Diese Karte enthält 2000 bis 10000 Nummernfelder – je nach Kartengröße. Auf diesen Schlagwortkarten werden nun die Nummern der zutreffenden Dokumente gelocht.

Wenn man nun die Karte „Christologie" aus dem Kartenstapel holt, können z. B. die Nummern 66, 187, 577, 978 gelocht sein: Unter den betreffenden Nummern sind also Sonderdrucke, Fotokopien – oder was auch immer – zur Christologie abgelegt. Das Interessante des Systems liegt nun darin, daß Informationen zueinander in Beziehung gesetzt werden können. Eventuell besitzt man eine zweite Serie von Karten unter chronologischen Gesichtspunkten. Holt man also die Karte „Mittelalter" heraus und findet 577 ebenfalls gelocht (durch Übereinanderlegen der Karten sieht man die Übereinstimmung auf einen Blick), so könnte das zutreffende Dokument z. B. ein Aufsatz über die Christologie Bonaventuras sein. Entsprechend könnte man weitere „Anfragen" an die gefundenen Dokumente (bzw. Dokumentnummern) stellen.

Sichtlochkarten werden so aufbewahrt, daß sie – je nach Größe – zu 20 oder 30 Stück vor einer Leitkarte aufgestellt werden, auf die senkrecht bzw. schräg die entsprechenden Stichworte aufgeschrieben sind (vgl. 6.4). Die einzelnen Karten sind an den zugehörigen Stellen bereitert. Sie brauchen daher nicht in einer bestimmten Ordnung zu stehen. Wichtig ist nur, daß keine Karte einer anderen Serie zwischen die Karten gelangt. Das kann aber leicht durch farbliche Unterschiede bei der Bereiterung vermieden werden.

Der Vorteil der Sichtlochkarteien liegt erstens darin, daß sie relativ preisgünstig sind: Da nur eine Karte pro Schlagwort nötig ist – ganz gleich wieviel Material dazu anfällt –, wächst die Kartei nicht ins Unendliche, und bei nicht allzu klein karierten (im wörtlichen Sinne!) Karten lassen sich die Löcher mit jeder beliebigen Stanze anbringen. Bessere Zusatzgeräte verteuern natürlich auch dieses System (es gibt sie mit allen technischen Raffinessen: elektrische Stanzgeräte; Leuchtscheiben, auf die man die Karten beim Ablesen legen kann usw.).

Ebenfalls vorteilhaft ist, daß das System nicht von vornherein voll ausgebaut sein muß: Ein neues Schlagwort kann – sobald es auftaucht – eine eigene Karte erhalten. Dies ist vor allen Dingen ein wichtiger Vorzug gegenüber den Randlochkarten, bei denen die eigentliche Arbeit im „Austüfteln“ des Systems besteht.

Der Einsatz von Sichtlochkarten ist um so sinnvoller, je genauer formalisiert werden kann. Zum Beispiel ließe sich leicht eine Sammlung ikonographischer Art damit aufschlüsseln: nach formalen, regionalen, chronologischen usw. Kriterien. Eine Dia-Sammlung könnte man damit ordnen usw. Je differenzierter die Begriffe werden, die verschlüsselt werden sollen, desto schwerer ist in jedem Fall eine Karteianlage. Die relative Offenheit des Sichtlochkartensystems kann allerdings dabei durchaus vorteilhaft sein. – Wie überhaupt jedes Ordnungssystem benötigt es freilich einen gewissen Zeitaufwand.

6.6 Neue Technologien

Es ist anzunehmen, daß bei einer weiteren Neubearbeitung dieses Büchleins an diesem Punkt auch die elektronische Datenverarbeitung miteinbezogen werden muß. Im Punkt 6.5 war an vielen Stellen deutlich, daß sie manche Aufgabenstellung wesentlich einfacher löst. Adreßkarteien oder alphabetische Listen u. a. m. lassen sich leicht mit Kleincomputern herstellen, entsprechende Programme vorausgesetzt. Wer Spaß an dieser Technologie und entsprechende Geräte zur Verfügung hat, kann dies ausprobieren. Eine Einführung an dieser Stelle kann aber wohl noch unterbleiben. Relevant für wissenschaftliches Arbeiten in dem hier anvisierten Umfeld ist die elektronische Datenverarbeitung wohl vor allem im Schreibmaschinenbereich. In absehbarer Zeit wird aber auch komfortablere Dateienverwaltung und Textverarbeitung manchem Studenten oder Doktoranden zugänglich sein (vgl. dazu auch 8.3).

7 Klassifikationen

Wir haben bislang nur die technische Problematik des Ordnens besprochen. Es stellt sich nun die Frage, nach welchen Schemata man klassifizieren sollte.

7.1 Alphabetische Ordnung

Die einfachste Ordnung bietet zumeist das Alphabet. Für alle Zweifelsfälle gibt es hierbei feste Regeln, die das Normblatt DIN 5007 nennt. Diese betreffen vor allem die Einordnung der Umlaute. Im Ordnungsalphabet des Normblattes sind die Umlaute jeweils „aufgelöst" eingeordnet; es ergeben sich also folgende alphabetische Folgen: a – ad, *ä = ae,* af – cg, *ch,* ci, cj, *ck,* cl – od, *ö – oe,* of – scg, *sch,* sci – so, *sp,* sq, *ß = ss, st,* su – ud, *ü = ue,* uf – z. – Die kursiven Buchstaben weisen dabei auf die durch die Norm behobenen Zweifelsfälle hin; daneben stehen die Anschlußbuchstaben des Alphabets.

Ausnahmen von dieser Regel gibt es in den Enzyklopädien und Lexika, die oft ä, ö und ü wie a, o und u behandeln. Auf diese Weise vermeidet man, daß Ableitungen allzuweit vom Grundwort entfernt eingeordnet werden müssen (z. B. gehören „Haus" und „Häuserbau" auf diese Weise zusammen, was bei „Haeuserbau" nicht der Fall wäre). – In älteren Bibliothekskatalogen werden i und j häufig nicht unterschieden, sondern ineinander geordnet.

Außer in der Kartei bietet sich die alphabetische Ordnung auch zur Ablage von Kleinschriften an, die man nach den Verfassern geordnet in Schubern bzw. Schachteln unterbringen kann.

Als Problem könnte dabei noch die Einordnung von Familiennamen mit Vorsatzwörtern auftauchen. DIN 5007 bestimmt: „Die Vorsatzwörter *von, von der, van der, de, de la, du* usw. vor den Namen werden, auch wenn sie groß geschrieben sind, beim Einordnen *nicht* berücksichtigt. – Ist ein Vorsatzwort mit dem Namen zu einem Wort verschmolzen, so wird der ganze Name wie *ein* Wort behandelt". Das ist eine praktikable Regelung, man muß allerdings daran denken, daß bei Recherchen in Katalogen und Verzeichnissen andere Regelungen gelten können.

7.2 Andere einfache Ordnungssysteme

Keine Probleme bietet die *numerische Ordnung* – wo sie durchführbar ist. Zum Beispiel würde eine Sammlung von Kleinschriften in fortlaufender Numerierung in Schubern zwar eine gleichmäßige Füllung der Behälter ermöglichen, aber anderseits eine zusätzliche Verfasser- oder Sachkartei mit Angabe der Ordnungsnummer nötig machen (vgl. 6.5.2). In Karteien selbst läßt sich wohl nur wenig Material numerisch ordnen.

Die *chronologische Reihenfolge* ist ebenfalls relativ leicht zu handhaben, jedoch höchstens für historische Dinge und auch da meist nicht als einziges Ordnungsschema durchzuführen.

Einige Sachgebiete bringen ihre *„natürliche" Ordnung* sozusagen schon mit. So ist die Ordnung der biblischen Schriften – wenn man sich einmal bei der Psalmzählung festgelegt hat, wenn die Frage der nichthebräischen Schriften des AT geklärt ist usw. – sozusagen unverrückbar und lädt geradezu zur Anlage einer Kartei zur Heiligen Schrift ein – übrigens ein ebenso nützliches Unterfangen für die Wissenschaft wie die Praxis in Predigt und Unterricht.

7.3 Fachsystematik

Alle Fachhandbücher, viele Enzyklopädien (vgl. etwa den Registerband des LThK[2]) und manche Spezialarbeit bieten eine Systematik eines bestimmten theologischen Fachs, die man zur Grundlage einer Karteiordnung machen kann. Am sichersten findet man derlei in Fachhandbüchern; wenn diese bibliographisch gut gearbeitet sind, müßten sie schon in der Einleitung bei der Rechtfertigung ihres eigenen Aufbaus solche Versuche referieren oder zumindest nennen.

In einem gut geführten Sachkatalog einer großen Bibliothek kann man u. U. schon einen ausgearbeiteten Versuch vorfinden. Allerdings ist es manchmal schwierig, sich die zugrundeliegenden Schemata und Register zu beschaffen.

7.4. Internationale Dezimalklassifikation

Die Dezimalklassifikation (DK) ist ein universales Ordnungsschema, das Ende des letzten Jahrhunderts zur Ordnung von Universalbibliotheken erdacht worden und inzwischen immer mehr verfeinert, internationalisiert und normiert worden ist.

Die DK teilt das gesamte Wissen in 10 Gruppen ein, die mit einer Ziffer bezeichnet werden:

0 Allgemeines
1 Philosophie
2 Religion, Theologie
3 Sozialwissenschaft, Recht, Verwaltung
4 z. Z. nicht belegt
5 Mathematik, Naturwissenschaften
6 Angewandte Wissenschaften, Medizin, Technik
7 Kunst, Kunstgewerbe, Photographie, Musik, Spiel, Sport
8 Sprachwiss., Philologie, Schöne Literatur, Literaturwiss.
9 Heimatkunde, Geographie, Biographien, Geschichte

Diese Hauptgruppen werden dezimal untergliedert:

2 Religion, Theologie
21 Natürliche Theologie, Theodizee

22 Bibel
23 Dogmatik
24 Praktische Theologie

Diese Untergruppen werden wiederum dezimal gegliedert:

23 Dogmatik
231 Gott
232 Christologie
233 Der Mensch (Dogmatik)

Das führt dann zu immer feineren Unterteilungen:

232 Christologie
232.1 Messias
232.12 Messianische Weissagungen
232.126 Weissagungen des Jesaja

Der Punkt hinter jeweils drei Ziffern ist dabei nur als eine Lesehilfe zu betrachten. Er hat keine sachliche Bedeutung.

Diese Ordnung läßt sich dann noch durch die sogenannten Anhängezahlen verfeinern. Es gibt allgemeine Anhängezahlen der Sprache, der Form, des Ortes, der Rassen und Völker, der Zeit usw. und spezielle Anhängezahlen für bestimmte, regional begrenzte Ausschnitte der DK[46].

Die *Grenzen* des Systems sind gerade im Bereich der Geisteswissenschaften sehr deutlich, wogegen die DK trotz ihres Alters und der gewaltigen wissenschaftlichen Entwicklung für die Erstellung technischer Sachkataloge immer noch benutzt wird. Neben dem Alter ist die Wissenschaftskonzeption ein Nachteil der DK. Dann ist auch die Form der Kodierung relativ umständlich und in „unsachlicher" Weise auf Zehnerteilungen festgelegt. Schließlich gibt es auch Doppelstellen (vgl. etwa schon 231.2 Gott der Sohn, 232 Christologie).

Ihr *Vorteil* besteht zunächst einmal in dem doch recht einleuchtenden (wenn auch – wie gesagt – nicht immer sachlichen) Gliederungsschema. Ferner ist sie sprachenunabhängig.

---

[46] Vgl. dazu FILL, Karl: *Einführung in das Wesen der Dezimalklassifikation.* Berlin: Beuth, [4]1981. Das Bändchen enthält auch eine „Kleinstausgabe" der DK, die für normale Ordnungszwecke schon recht brauchbar ist.

Da z. B. manche Bibliographien (z. B. die British national bibliography) oder Bibliotheken (etwa in Frankreich) danach geordnet sind, kann ihre Kenntnis gelegentlich hilfreich sein. Damit ist ein zweiter Vorteil schon mitgenannt: ihre Universalität. Wer nach ihr ordnet, kann sicher sein, daß auch ein neues, ihn jetzt noch nicht interessierendes Sachgebiet gegebenenfalls sinngemäß unterzubringen ist – es benötigt höchstens eine zusätzliche Leitkarte.

Man sollte von einem Ordnungssystem, dessen Sinn das Auffinden irgendwelchen Materials ist, nicht verlangen, daß es an allen Punkten dem inneren Sinn und der genuinen Ordnung eines Fachgebietes entspricht. Trotzdem kann etwa ein Theologe barthianischer Richtung durch die der Theologie voranstehende Dezimalstelle 21 Natürliche Theologie, die ja für ihn „vom Teufel" ist, so geärgert werden, daß er ein sachlich zutreffenderes Schema entwickelt. Auch aus wissenschaftsgeschichtlichen Gründen, aufgrund neuer Fragestellungen u. a. m. läßt sich die Forderung begründen, daß die geisteswissenschaftlichen Abteilungen der DK zu revidieren seien. Für die Theologie und Philosophie gibt es solche Beispiele, durch die man ggf. die Dezimalen 1 und 2 ersetzen kann[47].

---

[47] Heydrich, J.: Versuch einer dezimalen Klassifikation für das Fachgebiet Theologie. In: *Theologia viatorum* 10 (1966), S. 134–159; fortges. von Plümacher, E.: Entwurf einer Dezimalklassifikation für das Fach Praktische Theologie. Ebd. 11 (1973), S. 293–310; Pierret, R.: *Le classement méthodique de notes : sa technique et sa pratique.* Paris : Abbaye St.-Marie, 1959. 54 S.; Courtois, G. ; Pihan, J.: *Essai de classification décimale à l'usage du clergé.* Paris : Union des œuvres catholiques de France [31, rue de Fleurus], o. J. 110 S.; Campbell, F. J.: *A classification of religion as an alternative to class 200 of Dewey's decimal classification.* Dunedin, N. Z.: Dominican Fathers, Aquinas Hall, 1965; Auszüge aus den letzten drei Titeln finden sich abgedruckt bei R. Farina: *Metodologia* (Anm. 1). S. 249 ff.; einen Versuch für die Philosophie bietet: *Private Dezimalklassifikation zur Philosophie und ihrer Geschichte.* Pullach: Berchmanskolleg, 1962. 27 S.; nicht für wissenschaftliche Zwecke, aber vielleicht doch für die praktische kirchliche Arbeit kann man u. U. verwenden Dahl, H. ; Rothenburg, F. S.: Dezimal-Ordnung für die Privatbücherei. In: Schnetter, O. (Hrsg.): *Christ + Buch : Arbeitswege mit dem „gedruckten Wort".* Bd. 1. Wuppertal: R. Brockhaus, 1970, S. 206–223. - zu beziehen durch Evang. Buchhilfe, Falkensteinstr. 5, 3500 Kassel.

8 Praktische Hilfsmittel

Nichts veraltet in Büchern über wissenschaftliches Arbeiten so schnell wie das zum folgenden Abschnitt Gehörige. Zählten doch z.B. noch für Fonck die Karteien zu den „modernsten Erfindungen der Neuzeit... im Dienste der Wissenschaft“[48]. Und wie nehmen sich schon heute Kliemanns „Rechenhilfen“[49] neben dem kleinsten Taschenrechner aus! Wir beschränken uns daher hier auf wenige Hinweise und machen nur zur Schreibmaschine einige ausführlichere Bemerkungen, da sie doch wohl das wichtigste der hier zu nennenden Hilfsmittel ist. – Ein Besuch in einem Bürofachgeschäft oder die Durchsicht eines entsprechenden Prospekts lassen manches andere Nützliche entdecken – je nach dem besonderen Arbeitsstil, dem man zuneigt.

8.1 Schreibtische und andere nützliche Dinge

Der *Schreibtisch* sollte eine Höhe zwischen 72 und 78 cm haben, *Schreibmaschinentische* ca. 64–65 cm (die Normen haben sich einigemal geändert. Am besten wären Verstellmöglichkeiten, solange Prokrustes sich noch nicht vollständig durchgesetzt hat; diese sind ja immerhin bei Bürostühlen gegeben). Wer es sich leisten kann, sollte sich einen Schreibtisch mit voll ausziehbaren Teleskopschubladen in den normierten Abmessungen zulegen, in denen man Karteikästen, Hängeregistratu-

---

[48] Fonck, L.: *Wissenschaftliches Arbeiten* (Anm. 2), S. 181.
[49] Kliemann, H.: *Anleitungen...* (Anm. 1), S. 181.

ren etc. unterbringen kann. Dies ist natürlich von Preisen, räumlichen Gegebenheiten u.a. abhängig. Immerhin kann man die System-Schreibtische der maßgeblichen Bürofirmen auch nachträglich ausbauen.

Empfehlenswert aus gesundheitlichen Gründen und wegen funktionaler Vorteile sind verstellbare *Bürostühle* mit 5 Laufrollen (Kippsicherheit).

Als praktische Hilfsmittel benötigt man am Arbeitsplatz: *Kalender* (Terminkalender) und ggf. *Stundenplan; Papier* (DIN A 6-Zettel, Schreibmaschinenpapier DIN A 4 in 70 g- oder 80 g-Qualität, Durchschlag- und Kohlepapier); *Bleistifte* (Härte HB[50], am besten einen Feinminen-Druckstift 0,5, den man nicht zu spitzen braucht, z.B. Stabilo cassetto; noch feinere Minen sind zu stark bruchgefährdet für normale Arbeiten); *Radiergummi* (hart/weich); *Füllhalter* und/oder *Kugelschreiber;* für die Beschriftung von Druck- oder Kopiervorlagen *Tuschefüller* (wenn technische Präzision vonnöten ist: Rotring Isograph; wenn dies seltener und ohne solche Ansprüche vorkommt: Variograph; wenn künstlerische Beschriftung gefordert ist – was wohl selten der Fall ist: Rotring art pen); *Filzstifte, Folienschreiber* (vgl. 11.2); *Marker* bzw. Signalfarbstifte (vgl. 5.4); *Messer* (Taschenmesser; Cuttermesser); *Schere, Locher* (über die Nützlichkeit eines großen Bürolochers mit Anlegeschiene für verschiedene Papierformate wurde bereits 6.2 gesprochen), *Klebstoffe* (Alleskleber; Fixogum-Montagekleber für entsprechende Arbeiten, vgl. 13.2; Planatol für buchbinderische Arbeiten, vgl. 6.2); *Klebestreifen* (Tesafilm; zum Ausbessern von Papier benötigt man aber einen säurefreien Klebestreifen, z.B. Filmoplast der Fa. Neschen); *Büroklammern, Heftgerät* (auch hier ist ein größeres

---

[50] Die Härtegrade der Bleistifte sind genormt. HB ist einigermaßen universell einsetzbar. Ansonsten bestimmt die Verwendung die Auswahl: sehr weiche, tiefschwarze (6B, 5B, 4B, 3B) Minen benötigt man zum Zeichnen und Skizzieren, mittelweiche, schwarze (2B, B, HB, F) zum Zeichnen und Schreiben, harte bis sehr harte (H, 2H–6H) zum technischen Zeichnen, für lichtpausfähige Zeichnungen, besonders harte (7H, 8H) für kartographische, lithographische und xylographische Arbeiten.

Gerät nützlich, vgl. 6.2). – Auch manche andere Geräte, die man nicht der Wissenschaft halber anschafft, lassen sich nutzbringend einsetzen. Eine Pappschere zum Zuschneiden von Heften, kleineren Papierstößen, Pappen ist oft hilfreich. Kassettenrecorder lassen sich mit Fußschaltern zu Diktiergeräten umrüsten und vieles andere mehr...

Die voranstehende Checkliste soll weder Vollständigkeit noch die Notwendigkeit *all* dieser Hilfsmittel suggerieren. Sie ist als Hilfe gedacht, wenn jemand bei mancherlei Kleinigkeiten überlegt, wie er sie vereinfachen könnte.

8.2 Schreibmaschine

Da die Anfertigung maschinengeschriebener Texte in sehr vielen Lebensbereichen üblich, ja notwendig geworden ist, da alle Arten universitärer Hausarbeiten im Typoskript abgegeben werden, da die Schreibmaschinentastatur den Zugang zu modernen Kommunikationstechnologien bzw. zum Computer darstellt usw., ist die Beherrschung der sachgerechten Schreibtechnik heute außerordentlich nützlich. Wer nicht die Gelegenheit hatte, auf der Schule oder anderswo einen Kurs mitzumachen, der kann sich mit einem der handelsüblichen gedruckten Lehrgänge leicht das Nötige selbst beibringen.

Bei der *Anschaffung einer Schreibmaschine* sollte man einige Vorüberlegungen anstellen: Die Entscheidung „mechanisch oder elektrisch“ wird meist vom Preis abhängen. Von der Sache her sind elektrische Maschinen vorzuziehen: Die Anstrengung ist wesentlich geringer, die Schreibgeschwindigkeit höher und das Schriftbild gleichmäßiger. Abzuraten ist von allzu kleinen Reiseschreibmaschinen (im Bereich der elektronischen Maschinen gibt es allerdings sehr leistungsfähige „Minis“).

Bei Typenhebelmaschinen muß man sich für eine Schriftart entscheiden. Hier ist die ganz normale Pica-Schrift (10 Zeichen pro Zoll) zu empfehlen; die kleinere Perl- oder Eliteschrift (12 Zeichen pro Zoll) sieht allerdings manchmal gefälliger aus. Dafür bietet die Pica aber die größere Klarheit, was vor allem bei Durchschlägen, bei der Beschriftung von Matrizen und bei Verkleinerung (Fotokopie, Offsetdruck) von Vorteil ist. Ungewöhnliche Schriftarten sollte man höchstens bei reinen Korrespondenzmaschinen wählen und auch da nur, wenn man mit wenigen Durchschlägen auskommt. Doch das weiß man nicht von vornherein!

Die Schreibmaschine sollte eine Papierauflage haben, bei der man an einer Skala das Blattende ablesen kann; sie sollte einen Tabulator besitzen und eine Stechwalze. Empfehlenswert ist auch ein großer Wagen, in den man das Format DIN A 4 quer einspannen kann.

In manchen Fällen braucht man *besondere Schriftzeichen* (etwa eckige Klammern, Asteriskus), die bei den üblichen Maschinen nicht angebracht sind. Man kann solche Spezialzeichen auch nachträglich anbringen lassen, doch muß man dann auf andere Zeichen verzichten. Nicht verzichten sollte man auf den Buchstaben ß, dafür kann man ggf. den Strichpunkt durch Doppelpunkt und Komma, die 0 durch das große O, die Ziffer 1 durch das kleine l (nicht das große I!) ersetzen und auf Währungszeichen überhaupt verzichten.

Kugelkopf- oder *Typenrad-Maschinen* erlauben Schriftartwechsel (z. B. Kursivschrift) oder die Verwendung von Schriftträgern mit Sonderzeichen. Auch griechische oder hebräische Schrift (diese allerdings dann von links nach rechts laufend, also von hinten her zu schreiben) kann man mit solchen Maschinen schreiben[51].

Beim *Farbband* sollte man nicht sparen. Den Baumwollfarbbändern sind solche aus Seide oder Nylon vorzuziehen. Auf rote Schrift kann man verzichten. Ein besonders gutes Ergebnis erzielt man mit Plastic-Carbon-Farbbändern. Für Druckvorlagen sollte man sie unbedingt verwenden. Sie kön-

---

[51] Alle Spezialitäten hinsichtlich Sonderzeichen etc., die mit Kugelkopf-Maschinen möglich sind, kann man bei PFEIFFER-RUPP, Rüdiger: *Handbuch des sprachwissenschaftlichen Typoskripts.* Hamburg: Buske, 1979, nachlesen, allerdings in einer sprachlich arg verkomplizierten und sachlich viel zu detailverliebten Form.

nen zwar nur einmal beschrieben werden und sind daher teurer, doch ergeben sie ein gestochen scharfes Schriftbild.

Zur *Korrektur* von Tippfehlern benötigt man entweder Radierstift, -gummi, -messer, evtl. -schablone. Einfacher sind aber Korrekturen mit Korrekturpapieren auszuführen, die den Fehler bei Übertippen mit einer Farbschicht abdecken. Da die so aufgetragene Abdeckfarbe u. U. wieder abblättert, sind flüssige Korrekturlacke vorteilhafter, müssen aber sehr dünn aufgetragen werden, wenn sie wieder überschrieben werden sollen. Bei größeren Fehlern kann man den Text auch mit selbstklebenden Korrekturbändern überkleben, die es in den genormten Zeilenbreiten ein- oder mehrzeilig gibt (z. B. von Scotch).

Ein anderes Korrekturverfahren (lift-off) ist nur bei Spezialbändern möglich: durch das Korrekturband, das bei Maschinen mit einer entsprechenden Einrichtung auf einer eigenen Rolle läuft, wird der Buchstabe bei nochmaligem Übertippen chemisch abgelöst (es gibt diese Möglichkeit auch für Maschinen, die keine Korrektureinrichtung haben, wenn man die entsprechenden Farbbänder benutzt und entsprechende Korrekturblättchen verwendet). Am elegantesten ist das lift-off-Verfahren bei elektronischen Schreibmaschinen anwendbar (vgl. 8.3), die sich dank ihres Speichers das getippte Zeichen „merken", so daß man nur noch die Korrekturtaste an der entsprechenden Stelle drücken muß.

8.3 Elektronische Schreibmaschinen

Elektronische Schreibmaschinen – im Bürobereich meist mit Typenrad als Schriftträger – bieten weiteren Schreibkomfort. Sie haben oft mehrere Schriftbreiteneinstellungen (10, 12, 15 Zeichen pro Zoll oder gar Proportionalschrift, d. h. eine Schriftart, bei der die schmalen Buchstaben – etwa das i – weniger Platz einnehmen als die breiten – etwa das m –, wie man dies vom Buchdruck her gewohnt ist). Sie ermöglichen Fettschrift (durch zweimaliges, leicht versetztes Anschlagen),

Schreiben und Unterstreichen in einem Zuge, manchmal sogar Negativschrift (weiß auf schwarzem Hintergrund). Eine Reihe wichtiger Funktionen ist bei ihnen häufig automatisiert: das Zentrieren (= in die Mitte stellen) von Zeilen, wie es bei Überschriften häufig gebraucht wird, das kolonnengerechte Untereinanderschreiben von Zahlen (Dezimaltabulator), der Blocksatz (Ausgleich des rechten Randes) usw. Das Angebot von kleinen, nur einige dieser Funktionen ermöglichenden Maschinen bis zu den komfortabelsten Geräten ist inzwischen sehr groß.

Eine wesentliche Arbeitshilfe bedeuten dabei Maschinen, die über einen größeren, mehrere Seiten fassenden Arbeitsspeicher verfügen. Texte, die man geschrieben hat, kann man auf diese Weise wieder unverändert ausdrucken lassen oder während des Ausdrucks korrigieren. Bei Maschinen dieser Qualität sollte allerdings unbedingt ein Display (Sichtfenster, in dem etwa eine Zeile des Textes parallel mit dem Schreiben angezeigt wird) vorhanden sein. Dadurch ist es möglich, Texte ohne vorherigen Ausdruck im Speicher zu korrigieren (evtl. durch Korrekturhilfen wie einen Suchwortlauf unterstützt), was nicht nur die Arbeit erleichtert und beschleunigt, sondern auch das teure Farbband sparen hilft.

Solche Maschinen speichern häufig auch Kurztexte („Phrasen", z.B. Datum, Anrede usw.), die auf Abruf in einen Text eingefügt werden können. Den Vorteil der Speicherung nutzt man allerdings erst dann voll aus, wenn man größere Texte extern, z.B. auf einer Diskette, speichern kann. Das ermöglicht das Ablegen von Formbriefen, häufig unverändert oder verändert benötigten Grundtexten, aber auch das Redigieren von in Vorbereitung befindlichen Arbeiten.

Letzteres ist komfortabel erst mit wirklichen Textverarbeitungssystemen möglich, bei denen nicht nur Einzelkorrekturen in der Reihenfolge des Textes, Löschen usw., sondern auch das Verschieben von Absätzen, Seitenzählung, Umnumerieren von Anmerkungen u.a.m. automatisch durchgeführt werden können. Man arbeitet dabei sinnvollerweise auch an Bildschirmen; ein Einzeilendisplay reicht dafür nicht aus.

Wir sind bei der Darstellung von den Geräten (Schreibmaschinen) ausgegangen. Das hat seinen Sinn darin, daß hier keine Verfahren erläutert werden sollen, die besondere technische Vorkenntnisse oder Interessen voraussetzen. Von der Sache her müßten wir hier allerdings umdenken: Wichtiger als die Geräte (hardware) ist bei der Textverarbeitung, welche Programme zur Verfügung stehen und was sie leisten (software). Denn Textverarbeitung ist durchaus auch auf Kleincomputern möglich, deren Preis weit unterhalb einer komfortablen elektronischen Speicherschreibmaschine liegt und an die man die nötigen Peripheriegeräte – z. B. Drucker in Korrespondenzqualität – anschließen kann. Das Zusammenstellen einer leistungsfähigen Textverarbeitungsanlage auf diese Weise verlangt derzeit aber doch noch ein gehöriges persönliches Engagement, technisches Interesse und ggf. auch Programmierkenntnisse. Wer allerdings die Möglichkeit hat, größere wissenschaftliche Arbeiten mit Unterstützung elektronischer Textverarbeitung zu schreiben (etwa an Geräten, die in Instituten o. ä. vorhanden und in ausreichendem Maße zugänglich sind), sollte sich überlegen, ob er hierdurch nicht wesentliche Zeit sparen kann.

Im übrigen erfordern die neuen technischen Möglichkeiten auch neue Fähigkeiten des kritischen Umgangs mit dem Erarbeiteten. Man darf sich nicht davon abhalten lassen, auch das technisch vollendet Abrufbare der mehrfachen kritischen Redaktion zu unterziehen. Ganz sicher aber kann man sagen, daß die Textverarbeitung im Bereich der Geisteswissenschaften die Arbeitsverfahren wesentlich ändern wird, ob man dem kritisch oder wohlwollend gegenübersteht[52]!

---

[52] Im umfangreichen Angebot an „Computerbüchern“ finden sich viele Einführungen. Eine „Check-Liste Textverarbeitung“ erschien in der Zeitschrift *micro* (1985), H. 2, S. 93 f. Angekündigt ist eine *Computerfibel für die Geisteswissenschaften /* GREGOR, Bernd ; KRIFKA, Manfred (Hrsg.). München : Beck, 1985. Das Thema wird sicher künftig häufig bearbeitet werden, so daß sich ein Blick in das Schlagwortverzeichnis zum VLB (Anm. 15) u. U. lohnen kann.

9 Formen schriftlicher Arbeiten

9.1 Protokoll

Die Verfertigung eines Protokolls wird schon auf der Schule geübt zur Ausbildung der Fähigkeit, einen Vorgang exakt aufzufassen und wiederzugeben *(Verlaufsprotokoll)*. In vielen Lebensbereichen werden Protokolle verlangt und geführt: von der Bundestagsdebatte bis zum Verkehrsunfall.

Das Verlaufsprotokoll, das eine Seminarsitzung exakt wiedergeben soll, muß zunächst einmal die notwendigen äußeren Daten enthalten: Seminarthema, Tag, Stundenthema, Name des Referenten und des Protokollanten. Es muß den Gang der Diskussion wiedergeben und die erreichten Einsichten formulieren. Die Forderung F. Stegmüllers[53]: „Der Protokollführer ... darf auch an der Leitung der Diskussion Kritik üben", dürfte verschieden beurteilt werden. Teilweise fordert man reine Faktenwiedergabe.

Es versteht sich, daß ohnehin den Seminarteilnehmern vorliegende Materialien („Papers", Referate usw.) nicht nochmals dargestellt und zusammengefaßt zu werden brauchen.

Während Verlaufsprotokolle den Gang einer Seminarübung dokumentieren, dienen *Ergebnisprotokolle* dazu, jeweils schnell den Anschluß an die letzte Stunde zu finden. Auch das Ergebnisprotokoll findet man in anderen Lebensbereichen, etwa wenn es gilt, die Beschlüsse einer Sitzung festzuhalten.

---

[53] STEGMÜLLER, Friedrich: Wege und Ziele der Seminararbeit. In: KOLPING, Adolph: *Einführung in die katholische Theologie : Geschichtsbezogenheit, Begriff und Studium.* Münster : Regensberg, ^{2}1963, S. 187–201, hier 199.

Das Referat ist sozusagen die klassische Form der vom Studenten verlangten schriftlichen Arbeit. Es dient der wissenschaftlichen Behandlung eines speziellen Themas. Als Vorbereitung zu späteren größeren Arbeiten (9.3) ist es unersetzlich.

F. Stegmüller weist darauf hin, daß das Referat in sehr unterschiedlicher Form gehalten werden kann: „I) *als Arbeitsbericht*. Der Referent berichtet über die einzelnen Schritte, die er getan hat; die Seminarteilnehmer sagen, was sie an seiner Stelle getan hätten und wie sie fortfahren würden. II) *als Literaturbericht*. Der Referent berichtet kritisch über den bisherigen Gang der Forschung zu seinem Thema und entwickelt daraus den aktuellen Fragestand; die Hörer geben Ergänzungen und stellen Fragen. III) *als Buchbericht*. Der Referent berichtet über Verfasser, Thema, These, Begründung eines Buches. Wie ist es in die bisherige Forschung einzureihen? Worin besteht das Neue? Wie ist es zu beurteilen? Was können wir daraus lernen? IV) *als Darstellung*. Der Referent trägt, möglichst frei, einen Teil seiner Seminararbeit vor. Die Hörer erwägen, ergänzen, fragen. V) *als Diskussionsgrundlage*. Der Referent stellt ein Problem, berichtet über verschiedene Lösungsversuche, legt Gründe und Gegengründe vor und stellt das Ganze zur Diskussion“[54].

Da das Referat einerseits Vortrag (vgl. 11) ist, anderseits wegen der komplizierten Materien doch fast durchweg schriftlich ausgearbeitet werden muß, kann zwischen dem erarbeiteten Grundtext und der vorgetragenen Form eine Differenz bestehen, zumal es oft möglich ist, allen Hörern das ganze Referat vervielfältigt zukommen zu lassen.

Das *Thesenreferat* wird man wohl nicht als eine eigenständige Form begreifen, sondern entweder als eine Einübung, als Kleinform des Referats, etwa wenn es darum geht, einen Text knapp zusammenzufassen und für die Diskussion vorzustellen. Dies wäre eine typische Proseminaraufgabe. Anderseits

---

[54] Ebd., S. 198.

ist das Thesenreferat, wenn es um die thesenhafte Zusammenfassung eines Sachthemas geht, u. U. die schwierigere Form gegenüber dem „gewöhnlichen" Referat, da die Zusammenfassung seitens des Referenten den Gesamtüberblick voraussetzt und von den übrigen Seminarteilnehmern nur bei genügend hoher Vorinformation sachgerecht verstanden wird.

Ein wenig in Vergessenheit geraten ist das *Korreferat*. Dieses soll das Referat prüfen, ergänzen und beurteilen, indem es sich zu diesem äußert, seinen methodischen Gang befragt und zu seiner These Stellung nimmt, eventuell auch zu Einzelheiten. Es muß sehr prägnant formuliert sein[55].

Von der äußeren Gestaltung her ist das Referat Staatsarbeiten und Dissertationen zu vergleichen. Es muß den im Abschnitt 12 genannten formalen Anforderungen genügen.

9.3 Zulassungsarbeit und Dissertation

Die bei der Anfertigung von Referaten geübten Fertigkeiten kann man bei Zulassungsarbeiten zu den Abschlußexamina und Dissertationen in selbständiger Weise einsetzen. Der Unterschied zwischen diesen Arbeiten liegt im verschiedenen Ertrag, den sie erbringen sollen. Während Zulassungsarbeiten die Beherrschung der Methodik des Fachs und die Fähigkeit, sich eine Fragestellung selbständig zu erarbeiten, dokumentieren sollen, müssen Dissertationen gleichzeitig einen Beitrag zur Forschung bieten. Vor der Abfassung derartiger Arbeiten sollte man sich über eventuelle Voraussetzungen oder formale Auflagen genau informieren (bei der Studienberatung und auf dem Dekanat o. ä.)[56].

---

[55] F. Stegmüller (S. 197 f.) nennt als Vortragszeit für ein Referat 15 Minuten, für ein Korreferat 5–10 Minuten. Das meiste Unbehagen gegenüber Referaten dürfte darauf beruhen, daß man diese Richtzeiten weithin erheblich überschreitet.

[56] Zum Problemkreis „Dissertation" vgl. die Aufsätze in dem Sammelband von Jung, Rudolf; Kaegbein, Paul (Hrsg.): *Dissertationen in Wissenschaft und Bibliotheken.* München : Saur, 1979 (Bibliothekspraxis 23); zu Formalia der Typoskripte auch 12.9 sowie zur Drucklegung 13.5.

10 Vom Entwurf zur Reinschrift

Voraussetzung für den ersten Gliederungsentwurf einer Arbeit ist die klare Fragestellung und dann die Sammlung und Ordnung der zugehörigen Materialien. Die dazu nötigen Arbeitsgänge (3 ; 5), Fertigkeiten und Hilfsmittel (4 ; 6–8) sind schon besprochen worden. Die Bearbeitung eines Themas setzt zudem die Beherrschung der fachlichen Methodik voraus, die in diesem Buch nicht behandelt wird. Die Fähigkeit, klar zu schreiben, zu argumentieren, zu gliedern usw. sollte bereits im Schulunterricht grundgelegt sein. Durch kritische Selbstprüfung und Übung muß man sie verbessern[57]. – Das folgende bezieht sich nun mehr auf die formale und arbeitspraktische Seite.

10.1 Gliederungsentwurf

Schon im Laufe der vorbereitenden Lektüre einer Arbeit werden sich die Hauptpunkte der eigenen Untersuchung und damit die wichtigsten Gliederungspunkte abzeichnen. Wie Blaise Pascal einige Fragmente seiner „Pensées" mit „ordre" überschrieb, so kann man vielleicht auch von Anfang an die Hauptpunkte für die Gliederung sammeln und danach später einen ersten Rohentwurf wagen. – Solche Gliederungsüberle-

[57] Vgl. etwa (mit umfangreichen Literaturangaben) UEDING, Gert: *Rhetorik des Schreibens : eine Einführung*. Königstein i. Ts. : Athenäum, 1985. Zur Stilistik immer noch lesenswert ist Ludwig REINERS: *Stilkunst*. 118.–126. Taus. München : Beck, 1980; DERS. : *Stilfibel*. München : dtv, [14]1975 (dtv 154).

gungen dienen auch dazu, die eigenen Exzerpte und Notizen sinnvoll zu ordnen, so daß sie für die Ausarbeitung in praktischer Form zuhanden sind.

Ein ähnliches Verfahren ist auch bei der häufigen Aufgabenstellung, Texte zusammenzufassen, darzustellen und zu beurteilen, möglich. Hauptproblem ist dabei manchmal, nicht zu eng am Vorgegebenen klebenzubleiben. Entsprechende Gliederungsnotizen, Stichwörter und freies Zusammenfassen können hilfreich sein für selbständige Auseinandersetzung wie Aufbau der Arbeit.

Der Einstieg in die Arbeit ist oft der schwierigste Teil und es ist aufschlußreich, daß hierzu ganz verschiedene Verfahren in der Literatur wie auch von bekannten Wissenschaftlern genannt und praktiziert wurden[58]. Wichtig ist es, hier seinen *eigenen* Stil zu finden.

10.2 Rohentwurf

Man beginnt am besten mit der Ausarbeitung des Abschnitts, den man am leichtesten bewältigen kann, etwa mit einem zentralen Stück des Hauptteils. Die Einleitung wird man sich bis zuletzt aufheben, da sie einen Überblick über das Ganze voraussetzt. Dieses „Ganze" wird sich aber sicher im Verlauf der Ausarbeitung ändern. Die Gliederung, nach der man angetreten ist, sollte nur als ein Entwurf betrachtet werden. Sie kann im Verlauf der Arbeit immer wieder aus sachlichen Erwägungen korrigiert werden.

Wenn man sich an einem Punkt „festfährt", so versucht man am besten, erst einen anderen zu bearbeiten und kommt danach auf den ersten zurück. Überhaupt kann man nicht jeden einzelnen Teil bis zur Druckreife ausfeilen und dann erst an den nächsten gehen; vielmehr wird man im Verlauf der Arbeit häufig gezwungen sein, an schon geschriebenen Teilen Korrekturen vorzunehmen. Viele Gedanken kommen doch

[58] Vgl. die Bemerkungen bei Jean GUITTON: *Sagesse* (Anm. 8), S. 79f.; 269 u.ö.

erst bei der konkreten Arbeit, und möglicherweise versteht man auch erst manche Problemzusammenhänge richtig, wenn man sie selbst formulieren muß.

10.3 Endredaktion

Ist das letzte Stück formuliert, so wird man das ganze Manuskript nochmals redigieren müssen. Jetzt ist vor allem auf Wiederholungen zu achten, der Stil zu kontrollieren, Überflüssiges zu streichen, auf Stimmigkeit der Proportionen zu sehen; Übergänge sind zu glätten usw. Es ist gut, hierzu auch einen „Unbeteiligten“ heranzuziehen, da einem die eigenen Fehler häufig genug aus Gewohnheit entgehen. Es gibt aber auch viele sprachliche Hilfsmittel, die für derartige Arbeiten zur Verfügung stehen. Zwar wird man Lehrbücher der Stilistik nicht gerade in einer solchen intensiven Arbeitsphase studieren können (vgl. oben Anm. 57); die Kenntnisse aus solcher Lektüre kann man aber jetzt einbringen. Für eigentliche Redaktionsarbeiten sind verschiedenartige Wörterbücher hilfreich. Die Reihe „Der große Duden“, dessen Rechtschreibungsband man am Arbeitsplatz haben sollte, enthält noch weitere praktische Hilfsmittel: Man findet hier ein Stilwörterbuch, Fremdwörterbuch, etymologisches Wörterbuch, ein Wörterbuch sinn- und sachverwandter Wörter (Synonymenwörterbuch) u. a. m.

Bei diesem Arbeitsgang sollten auch noch einmal alle Angaben überprüft werden (Schriftstellen, Belege, Seitenzahlen, Titel usw.), damit man die Reinschrift nicht durch störendes Nachschlagen unterbrechen muß. Läßt man seine Arbeit tippen, so können derartige Lücken oder Fehler viel Ärger hervorrufen: beim Schreiber oder auch bei der eigenen bzw. – noch schlimmer – fremden Korrektur der Arbeit[59].

---

[59] Eine Übersicht für „Systematiker“ über alle zur Erstellung einer Arbeit nötigen Einzelschritte gibt Oskar P. Spandl: *Die Organisation*... (Anm. 1), S. 30 f.: Stufenplan bei der Anfertigung einer schriftlichen wissenschaftlichen Arbeit.

11 Vortrag

Protokolle, Referate, u. U. auch Teile größerer Arbeiten (z. B. in Doktorandenseminaren) werden meist bzw. häufig auch vorgetragen. In der späteren Berufstätigkeit ist für den Theologen in vielen Fällen die Fähigkeit, gute Reden zu halten, ebenfalls von großer Bedeutung. Sieht man von der Homiletik ab, die ja eine Sonderaufgabe hat, so wird diesem Thema in der universitären Ausbildung wohl zu wenig Raum gegeben; deshalb sollen hier wenigstens einige Hinweise folgen.

11.1 Hinweise zum Vortrag

Wer ein Referat vorzutragen hat, sollte sich klarmachen, daß Rede und Schreibe zweierlei Dinge sind. Beim Vortrag findet sich der Redner einem *bestimmten Zuhörerkreis* gegenüber; er befindet sich in einer vorgefundenen *Situation,* die auch das Stilniveau festlegt; er kann an den *Reaktionen* bemerken, wie sein Vortrag wirkt. Darauf hat er in anderer Weise Rücksicht zu nehmen als beim Verfassen eines geschriebenen Textes. Die Aufmerksamkeit der Hörer wird durch Unverständlichkeit (inhaltliche und akustische), Langeweile, Langatmigkeit, zu viel Information, zu große Länge des Referats (vgl. Anm. 55) strapaziert.

Die Gegenmittel sind auf verschiedenen Ebenen angesiedelt, zunächst in der *Rhetorik*[60]*:* Ein deutlicher Hinweis auf die einzelnen Gliederungsschritte erleichtert dem Hörer den

[60] In der Literatur zur Rhetorik finden sich verschiedene Gattungen nützlicher Werke. Pragmatisch ausgerichtet sind etwa die Arbeiten von WELLER, Maximilian:

Nachvollzug. Hinweise auf Absicht, Ausführung, Probleme der Darstellung, Selbstbescheidung des Referenten ziehen den Zuhörer in den Gedankengang mit hinein. Gegenüber geschriebenen Texten wird der Vortrag durch erzählende (narrative) Elemente, Beispiele, Bilder usw. lebendig. Auflockern können auch treffende Zitate, Witz, Polemik – doch ist hier „Takt“ geboten!

Wichtig ist die *Veranschaulichung* derjenigen Dinge, die bildhaft darstellbar sind. Ein Vergleich von Zahlenmengen wird von den meisten Hörern in Form eines Stabdiagramms leichter erfaßt als durch bloße Benennung; prozentuale Anteile werden durch farbige Kreisdiagramme anschaulicher usw. Über bildhafte Gegenstände kann man oft ohnehin nur sinnvoll reden, wenn das Objekt angesehen werden kann (vgl. 11.2).

Die optimale Redeform ist bei einem in der Sache kompetenten Redner mit guter sprachlicher Ausdrucksfähigkeit sicher die *freie Rede*. Beim Vortrag eines Referats kann es aber sehr gefährlich sein, sich zu viel zuzutrauen, zumal die Aufregung hinzukommen kann. Komplizierte wissenschaftliche Gedankengänge werden auch von geübten Rednern genau vorformuliert, wenngleich der mündliche Vortrag spontan davon abweichen kann. Die Präzision beim Zitieren ist ohnehin nur so zu gewährleisten. Exaktheit geht hier über „Lebendigkeil“! Schlecht beherrschte freie Rede ist peinlich und in der Sache schädlich.

Das Buch der Redekunst. München : Goldmann, o.J. (Goldmann Ratgeber 10546), bzw.: Düsseldorf : Econ, [15]1978, und Lemmermannn, Heinz: *Lehrbuch der Rhetorik.* Neuaufl. München : Goldmann, 1982 (Goldmann Ratgeber 10519); auch Ammelburg, Gerd: *Erfolgreich reden – leichtgemacht.* Freiburg i. Br. : Herder, 1981 (Herderbücherei 834). Umfassender auch im Hinblick auf die Randbedingungen, Voraussetzungen, Sprechtechnik ist eine andere Gattung von Büchern, etwa: Biehle, Herbert: *Redetechnik.* Berlin : de Gruyter, [4]1974 (Sammlung Göschen 6061). Schließlich sind noch die Arbeiten aus der neueren Rhetorik-Diskussion zu nennen, die die grundlegende Funktion der Rhetorik für die Kommunikation generell im Blick haben, vgl. Perelman, Chaim: *Das Reich der Rhetorik.* München : Beck, 1980 (Beck'sche Schwarze Reihe 212); vgl. hierzu auch Ueding (Anm. 57), passim.

Die *sprachliche Korrektheit* des Vorzutragenden ist eine wesentliche Seite des Vortrags. Hierhin gehört auch, daß man die angemessene Stilebene einhält. Ein wissenschaftliches Referat soll sich durch seine Sachbezogenheit auszeichnen, – was nicht Trockenheit bedeutet. Es ist eine gute Tradition, daß die Person des Referenten im Hintergrund bleibt: Daß die Ich-Form vermieden werden soll, ist zwar kein Dogma; die mit dieser Regel ursprünglich intendierte Sachbezogenheit ist aber zu wahren.

Schließlich sei noch darauf hingewiesen, daß der Effekt eines Vortrags oft auch von Äußerlichkeiten abhängt, z. B. der Kleidung, aber auch von Ablenkungen und Störungen (vgl. Pascal: Pensées, Br. 366: „Wundert euch nicht, daß er falsch schließt, eine Fliege fliegt um sein Ohr...“). Daher ist es sinnvoll, vorher soweit möglich auch den äußeren Rahmen zu bedenken.

11.2 Praktische Hilfsmittel

Hat man vor einer größeren Versammlung zu reden (in kleineren Seminaren stellen sich solche Fragen nicht), so ist auf einige *äußere Gegebenheiten* besonders zu achten: Ist ein Rednerpult vorhanden, auf das man das Manuskript legen kann, ohne daß es herunterrutscht? Ist die Beleuchtung so, daß sie zur Lektüre des Manuskripts ausreicht? Ist die Aufgabe stimmlich zu bewältigen (Mikrophon? Auch das Sprechen ins Mikrophon will geübt sein)?

Im wissenschaftlichen Bereich ist es wichtig, sich genau zu überlegen, welche Hilfen man dem Hörer zur Verfügung stellt: vervielfältigte *Texte,* die interpretiert werden; graphische Übersichten; Materialien zum Vor- oder Nachbereiten; Zusammenfassungen.

Klassisches Hilfsmittel zur Veranschaulichung, zum Vorlegen einer Gliederung, für die Schreibweise komplizierter Ausdrücke usw. ist die *Wandtafel.* Wesentlich vielseitiger sind *Tageslichtprojektoren* einsetzbar. Mit speziellen Folienschreibern kann man hier während des Vortrags und mit Blick auf die Zuhörer Begriffe, Gedankenschritte usw. an die Wand projizieren. Für viele Gebiete auch der Theologie, die der Veranschaulichung bedürfen (Geographie, Geschichte, Kunst) gibt es Folienmappen, meist für den Schulunterricht erarbeitet. Mit Hilfe eines Normalpapier-Fotokopiergeräts kann man sich aber auch selbst per Fotokopie Folien von Bildmaterialien herstellen. Wo die Arbeit sich lohnt (etwa für weiterhin vielfach zu gebrauchende Folien oder für besonders wichtige Vorträge), kann man auch selbst mit Farbmaterialien, speziellen hitzebeständigen Abreibebuchstaben, vorformatierten Folien usw. „professionelle" Projektionsmaterialien erarbeiten (etwa mit dem Programm Letravision von Letraset)[61].

[61] Zum Ganzen vgl. H. Biehle: *Redetechnik* (Anm. 60), S. 75ff. – Zur Bildprojektion in Vorträgen vgl. Grau, Wolfgang; Heine, Hugo: *Projizierte Bilder in Vorträgen* / DIN (Hrsg.). Berlin : Beuth, 1982.

12 Gestaltung wissenschaftlicher Typoskripte

Es bleiben nun noch einige Besonderheiten wissenschaftlicher Manuskripte (bzw. Typoskripte, da die maschinengeschriebene Version hier im Blick ist) zu behandeln, die solche Texte etwa vom schöngeistigen Essay unterscheiden (vgl. bes. 12.3 und 12.4). Daneben sollen die Fragen der äußeren Gestaltung hier besprochen werden. Abgetrennt davon werden Fragen behandelt, die nur für die Vervielfältigung wichtig sind (13).

12.1 Papier und Schriftbild

Über Schreibmaschinen wurde oben schon einiges gesagt (8.2–8.3). Es versteht sich fast von selbst, daß schriftliche Arbeiten in getippter Form vorgelegt werden. Dafür gelten folgende Regeln[62]:

Man benutze Schreibmaschinenpapier DIN A 4. Die Qualität sollte mindestens 70 g/m² betragen (das entspricht dem normalerweise angebotenen Schreibmaschinenpapier), besser ist 80 g/m², besonders falls radiert wird. Der Zeilenabstand sollte anderthalbzeilig sein, Anmerkungen werden einzeilig geschrieben.

Die Seitenzahl steht am besten am oberen Rand in der Mitte der Seite, eingeschlossen in Gedankenstriche. Links

[62] Die allgemeinen Grundsätze des Maschinenschreibens enthält DIN 5008 *Regeln für Maschinenschreiben.* Berlin : Beuth, ²1975. Diese sind auf das büromäßige Schreiben ausgerichtet, nicht in allen Punkten für wiss. Texte verwendbar und in entsprechenden Normen auch wieder durch andere Regelungen ersetzt (vgl. die Normensammlungen in Anm. 26).

lasse man wenigstens einen Rand von 15 Anschlägen (ca. 4 cm). Rechts sollten aus ästhetischen Gründen mindestens 1,5 cm frei bleiben (die Zeile hat dann bei 10 Zeichen pro Zoll 60 Zeichen). Der rechte Rand darf besonders dann nicht zu eng sein, wenn die Arbeit noch vom Buchbinder beschnitten werden muß. Oben und unten sollten ca. 3 cm frei bleiben. Es ist besser, unten mehr Platz zu lassen, als die Seite zu spät zu beenden. – Diese Angaben sind Vorschläge. Man bemühe sich aber um gleichmäßiges Einhalten dieser Formalia. Bei Typoskripten, die für die Drucklegung benutzt werden, sollte man sich noch mehr Mühe geben (vgl. 13.2).

Absätze im Text soll man durch Einrücken der jeweils ersten Zeile des Absatzes um drei Anschläge kenntlich machen[63].

Die Regel, anderthalbzeilig zu schreiben, kann außer bei den Anmerkungen noch in zwei Fällen durchbrochen werden: Exkurse und auch längere Zitateinschübe können engzeilig geschrieben werden. Bei Zitaten wird dann der ganze Komplex des Zitats vom linken Rand aus um fünf Anschläge eingerückt (der Zitatbeginn und Absätze nochmals um drei Anschläge). Da dies dem Schriftbild jedoch nicht unbedingt zugute kommt, sollte man sich die Anwendung dieser Regel genau überlegen.

Die Hervorhebung von einzelnen Wörtern oder Sätzen, die man im Buchdruck durch Kursivschrift (schlechter: Sperrung oder halbfette Schrift) vornimmt, sollte in Typoskripten durch Unterstreichen erfolgen. Bei elektronischen Schreibmaschinen kann man allerdings auch die halbfette Schrift verwenden.

---

[63] Die in den Vorauflagen empfohlene Kenntlichmachung durch bloße Erweiterung des Zeilenabstands zwischen den Absätzen um eine Halbzeile, wie sie auch in einschlägigen Normen empfohlen wird, macht in einigen Fällen (z. B. Absatzende am Seitenende bei voll auslaufender Zeile) die Absätze nicht genügend kenntlich. Ferner gibt es dagegen typographische Bedenken. Schließlich macht das Einschieben von Halbzeilen das Registerhalten (Übereinstimmung der Zeilen auf Vor- und Rückseite eines Blattes) beim Druck, überhaupt das Einhalten eines bestimmten Satzspiegels schwierig. Dies ist bei der Erarbeitung von Vorlagen für die Offset-Reproduktion (vgl. 13.2) von großer Bedeutung.

Eine formal gut gestaltete Arbeit wird neben einer Einleitung, die zum Thema hinführt und die nötigen Vorinformationen gibt, und einem Schluß, der zusammenfaßt oder einen Ausblick eröffnet, in ihrem Hauptteil in mehrere Abschnitte untergliedert sein. Bei einer kurzen Arbeit mag es genügen, die einzelnen Abschnitte durchzuzählen. Sind die Abschnitte jedoch größer und vielfältiger, so müssen sie nochmals unterteilt werden.

Für die Hauptteile benutzt man *herkömmlicherweise* große Buchstaben (A, B), für die nächsten Unterteilungen römische Ziffern (I, II, II), für weitere Unterabschnitte arabische Ziffern (1, 2), dann kleine Buchstaben (a, b), doppelte kleine (aa, bb) oder griechische Buchstaben (α, β), – noch weiter sollte man die Gelehrsamkeit nicht treiben. Kommt man mit weniger Unterteilungen aus, so beschränke man sich auf römische Ziffern, arabische Ziffern und kleine Buchstaben.

Durch graphische Mittel kann man im Typoskript die Wertigkeit der Überschriften verdeutlichen, etwa indem man die Hauptüberschriften in Großbuchstaben schreibt und auf die Mitte der Seite bringt (sie also zentriert), die nächsten Abschnitte in Normalschrift, aber unterstrichen und zentriert ausführt; bei der nächsten Unterteilung dann links am Rand mit der Überschrift beginnt... Hierbei kommt es darauf an, daß die Gliederung durchsichtig bleibt und dem Leser einsichtig ist.

Neben dieser herkömmlichen Art zu gliedern, ist die *Dezimalgliederung* weithin üblich geworden. DIN 1421, Gliederung und Benummerung in Texten, regelt sie. Dabei werden arabische Ziffern benutzt. Die Hauptabschnitte werden fortlaufend von 1 an numeriert (Einleitungen können mit 0 bezeichnet werden). Die Abschnitte können dann jeweils in beliebig viele Unterabschnitte aufgeteilt werden nach dem gleichen Schema, das bei der Dezimalklassifikation besprochen wurde (7.4). Nur sollte man bei Abschnittsgliederungen nach DIN 1421 vor jeder weiter untergliedernden Dezimale einen Punkt setzen. Auf diese Weise kann man nämlich mehr als zehnfach untergliedern.

Auch bei der Dezimalnumerierung ist es gut, die Hauptüberschriften graphisch hervorzuheben, etwa indem man Überschriften der ersten Ordnungsstufe unterstreicht. Vermeiden sollte man das Zentrieren, da es übersichtlicher ist, wenn die Ordnungsziffer immer am linken Rand erscheint.

Das *Inhaltsverzeichnis* muß genau die in der Arbeit verwendete Gliederung widerspiegeln und daneben auch die Beigaben (Abkürzungsverzeichnis, Literaturverzeichnis usw.) nennen. Es sollte – abgesehen von kurzen Referaten – die Seitenzahlen nennen.

Anhand des Teils eines Inhaltsverzeichnisses sollen im folgenden die unterschiedlichen Gliederungsarten demonstriert werden:

a) herkömmlich:

Vorwort 11
A *Die Streuung der Zeit* 15
  I Die Vision Augustins 17
  II Die Entfaltung der geschichtlichen Zeit 37
    1 Die personale Dimension 37
      a Conversio und Schöpfung 37
      b Sündenzeit und Gnadenzeit 45
    2 Die universale Dimension 48
B *Die Vollendbarkeit des Menschen* 61

b) dezimal

0 *Vorwort* 11
1 *Die Streuung der Zeit* 15
1.1 Die Vision Augustins 17
1.2 Die Entfaltung der geschichtlichen Zeit 37
1.2.1 Die personale Dimension 37
1.2.1.1 Conversio und Schöpfung 37
1.2.1.2 Sündenzeit und Gnadenzeit 45
1.2.2 Die universale Dimension 48
2 *Die Vollendbarkeit des Menschen* 61

Das Beispiel dürfte zeigen, daß auch die Dezimalgliederung im Inhaltsverzeichnis der graphischen Verdeutlichung bedarf und daß sie trotz ihrer inneren Logik nicht unbedingt eine größere Übersichtlichkeit mit sich bringt. Ein Vorteil ist freilich, daß bei ihr leichter auf Abschnitte verwiesen werden kann (wie es etwa in dieser Arbeit geschieht) als bei der herkömmlichen Gliederung. Es dürfte zum Teil eine Geschmacksfrage sein, zum Teil von den spezifischen Eigenheiten einer Arbeit abhängen, welchem System der Vorzug zu geben ist. Die Norm DIN 1422, Veröffentlichungen aus Wissenschaft, Technik, Wirtschaft und Verwaltung, die auch Typoskripte im Blick hat, gliedert nur dezimal.

12.3 Verwendung und Schreibweise von Zitaten

Zitate sind ein wesentlicher Bestandteil „textbetonter" wissenschaftlicher Arbeit. Daher ist als erstes die Frage nach ihrer *Funktion* wichtig[64]. Es gibt sie auch in der Alltagsrede, jedenfalls dort, wo diese Rede sich „schmückt". Man spricht von „geflügelten Worten"[65], wenn es sich um klassisches Bildungsgut handelt. Aber auch Sprichwörter[66] können so eingesetzt werden. Diese Form des *rhetorischen Zitats* kommt auch in wissenschaftlichen Arbeiten vor, sollte hier aber einen inhaltlichen Sinn haben. Sie hilft, die Aufmerksamkeit zu erwekken, und kann daher in der Einleitung nützlich sein. Vielleicht hatte das mittelalterliche „videtur quod" am Anfang eines „articulus", gegen das die Argumentation gewissermaßen anrennen mußte, auch einen solchen Sinn. Auf ähnliche Weise kann ein Schlußzitat rhetorisch wirksam sein, indem es zusammen-

---

[64] Vgl. den schönen Aufsatz von Otto F. BOLLNOW: Über den Gebrauch von Zitaten. In: DERS.: *Maß und Vermessenheit des Menschen.* Göttingen: Vandenhoeck und Ruprecht, 1962, S. 198–213.

[65] Die klassische Sammlung solcher „Zitate" ist das in vielen Ausgaben erschienene Werk von Georg BÜCHMANN: *Geflügelte Worte.*

[66] Vgl. RÖHRICH, Lutz (Hrsg.): *Lexikon der sprichwörtlichen Redensarten.* Tb.-Ausg. 4 Bde. Freiburg i. Br.: Herder, 1977.

faßt und den Hörer entweder mit einem Anstoß zum Nachdenken oder mit einer schlagkräftigen Pointe entläßt.

Die spezifisch wissenschaftliche Funktion des Zitats ist aber nicht die bloß rhetorische, sondern die *dokumentierende* – wenngleich beide Formen durchaus Berührungspunkte haben. Dies ist etwa der Fall, wenn ein Zitat – als „Autoritätsbeweis“ – den Ausführungen Nachdruck verleihen soll, weniger wenn es im eigentlichen Sinn als Beleg und Bestätigung dient. Vor allen Dingen bei referierenden Teilen einer „textbetonten“ Arbeit wird es als beweiskräftige Versicherung dafür angeführt, daß die Darstellung wirklich zutreffend ist. Bei geschichtlichen und philologischen Arbeiten kann ein reichhaltiges Zitieren notwendig sein. Die Kunst der Darstellung liegt aber im richtigen Abmessen, denn ein Zitat soll nicht eigene Gedanken ersetzen, sondern diese untermauern. Daher ist es wesentlich, die nicht so bedeutenden Teile der zu zitierenden Ausführungen wegzulassen und das treffendste Belegstück auszuwählen.

Hierbei ist auch im *Formalen* äußerste Sorgfalt vonnöten. Es versteht sich, daß Zitate immer wörtlich angeführt werden. Unklarheiten oder Fehler werden nicht stillschweigend korrigiert, sondern entweder durch ein Ausrufungszeichen in eckigen Klammern hinter der zweifelhaften oder fehlerhaften Stelle gekennzeichnet oder durch eine Bemerkung in der Anmerkung kenntlich gemacht. Auslassungen im Zitat werden durch drei Punkte markiert. Diese zusätzlich nochmals in eckige Klammern einzuschließen, ist im allgemeinen wohl nicht nötig. Hervorhebungen (Kursivdruck, Sperrungen) werden übernommen. Hat man selbst etwas durch Unterstreichung hervorgehoben, so muß man dies in einer Fußnote (hinter dem Zitatbeleg) kenntlich machen. Am besten verwendet man dazu die Initialen seines Namens („Hervorgehoben von X. Y.“ oder auch „von mir“), da die Form „...vom Verf.“ unklar ist. – Jedes Zitat muß in einer Anmerkung oder bei dem noch zu erläuternden bibliographiebezogenen Zitieren (12.6) durch die notwendigen Angaben als Klammereinschub hinter dem Zitat genau belegt werden. Die in Anmerkungen notwendigen bibliographischen Angaben wurden bereits besprochen (4).

Gelegentlich wird die Frage gestellt, *was* zitiert werden darf. Die Antwort lautet: grundsätzlich alles, wenn man es nur seinem Wert nach einzuordnen weiß und nicht etwa ein Konversationslexikon als Spezialliteratur zur Transsubstantiationslehre zitiert. Natürlich kann man auch briefliche oder mündliche Angaben zitieren, wenn sich dies nicht aus anderen Gründen verbietet! In der Anmerkung wird man dann entsprechend formulieren, möglichst (jedenfalls bei Briefen) das Datum nennen, um so eine Einordnung und eventuelle Nachprüfbarkeit des Zitats zu ermöglichen. Es gibt freilich eine Grenze, wo solche Zitate einen so vagen Charakter annehmen, daß sie zumindest für die „dokumentierende" Aufgabe des Zitats nicht mehr verwendbar sind. Wer unveröffentlichte oder nicht allgemein zugängliche Materialien zitiert, hat eine besondere Verantwortung, den Leser nicht mit willkürlichen Ausschnitten zu manipulieren, sondern den Sinn des Zitierten möglichst objektiv zugänglich zu machen. – Zur *Schreibweise* von längeren Zitateinschüben vgl. auch 12.1.

12.4 Die Aufgabe der Anmerkungen

Für manchen scheinen Anmerkungen Wissenschaftlichkeit schlechthin auszudrücken, und ein wissenschaftliches Manuskript, das stark mit Anmerkungen unterkellert ist, nötigt dem Leser zumindest einige Achtung vor dem Fleiß des Autors ab. Doch trügt letztlich der Schein; der Sinn zeigt sich auch hier in der Ökonomie. In einem kleinen Vortrag zum Komplex „Anmerkungen" hat Adolf von Harnack[67] die grundlegenden Dinge hierzu zusammengefaßt. Den Anfang setzten die textkritischen Arbeiten der hellenistischen Grammatikerschulen,

---

[67] Über Anmerkungen in Büchern, in: Harnack, Adolf von: *Aus Wissenschaft und Leben.* Bd. 1. Gießen, 1911, S. 148–162. Zum Komplex „Anmerkungen" umfassend Kaestner, Jürgen: Anmerkungen in Büchern. In: *Bibliothek* 8 (1984), S. 204–226.

vor allem der alexandrinischen. Aber erst nach weiteren tausend Jahren wurde es üblich, daß Autoren selbst ihre Arbeiten mit Anmerkungen versahen: Die Forderung, daß der Autor seine Ausführungen beweisen und ihre Nachprüfbarkeit ermöglichen müsse, führte in der Spätrenaissance zu diesem Brauch, der in der Folgezeit – mit gewissen Ausfallphasen – immer mehr kultiviert wurde.

Diese kleine geschichtliche Reminiszenz gibt schon eine wichtige *Funktion* der Anmerkungen an: Sie dienen zur Erklärung und Verdeutlichung von Wörtern oder Gedanken, bieten eventuell Übersetzungen fremdsprachiger Ausdrücke (oder umgekehrt das genaue fremdsprachliche Äquivalent zu einem übersetzten oder bloß referierten Zitat), Lesarten (bei philologischer Arbeit), Datierungen o. ä. Sie entlasten dadurch den Text von mancherlei Hinweisen und machen ihn lesbarer. Aus diesem Grund gehört auch die Angabe derjenigen Literatur, die man im Text auswertet oder zitiert, in die Anmerkung. Der genaue Beleg ist hier für die Nachprüfbarkeit unerläßlich. Durch den getrennten Druck wird zudem die Angabe bei späterem Suchen leichter auffindbar. Referiert man aber über längere Zeit hin *ein* Buch, so kann man gelegentlich auftauchende Seitenzahlen auch im Text belassen, doch muß völlig klar sein, worauf diese sich beziehen.

Eine Weiterführung dieser *belegenden* ist die *bibliographische* Anmerkung. Sie nennt weitere Literatur, die im Text nicht ausdrücklich berücksichtigt wurde, eventuell auch Werke, die nicht eingesehen werden konnten (mit einem entsprechenden Vermerk), gibt dem Leser bibliographische Hinweise und bietet so die Möglichkeit, sich leichter auf dem Sachgebiet einzuarbeiten bzw. weiterzuforschen. Bei dieser Art der Anmerkung ist freilich die Gefahr „gelehrter Prunktsucht"[68], wie Harnack es ausdrückt, zu vermeiden.

Auch Erläuterungen, Auseinandersetzungen, Modifikatio-

---

[68] HARNACK, A. v., a. a. O., S. 152. Erheblich derber sagt GOETHE dasselbe, vgl. DOBEL, Richard (Hrsg.): *dtv-Lexikon der Goethe-Zitate.* Bd. 2. München: dtv, 1972 (dtv 3090), S. 731, Z. 33 ff.

nen und Querverweise können in den Anmerkungen erscheinen. Harnack hat in dem genannten Vortrag „Zehn Gebote für Schriftsteller, die mit Anmerkungen umgehen" zusammengestellt (S.161 f.). Darin finden sich wichtige Überlegungen zum Verhältnis von Text und Anmerkung: Der Text soll auch ohne die Anmerkungen lesbar sein; die Anmerkungen sollen nichts enthalten, was ihn in Frage stellt oder was wichtiger als der Haupttext ist; sie sollen nichts im Text Vergessenes nachträglich einbringen, wohl aber haben sie die Aufgabe, „zu ergänzen, Akkorde anzuschlagen und Obertöne zu bringen". Harnack plädiert für den sparsamen Gebrauch, erinnert an Exkurse und Parenthesen als Alternativen und warnt vor unnötiger Polemik.

12.5 Die formale Gestaltung von Anmerkungen

Für den Leser ist die *Fußnote* die angenehmste Form der Anmerkung: Man setzt im Text die Anmerkungsziffer ohne Zwischenraum (d.h. ohne Leeranschlag bei der Schreibmaschine) als Hochzahl hinter das entsprechende Bezugswort, hinter das Schlußzeichen des Zitats oder – wenn sich die Anmerkung auf einen ganzen Satz bezieht – hinter das letzte Wort des Satzes, am besten jeweils *vor* das Satzzeichen. Unter der letzten Zeile des laufenden Textes folgt eine (oder zwei) Leerzeile(n). Darunter bringt man links unten einen kleinen Querstrich an (etwa zehn Anschläge), läßt wieder eine Leerzeile folgen und schreibt darunter die entsprechende Anmerkungsziffer und den Text der Anmerkung. Die Anmerkungen werden üblicherweise engzeilig (einzeilig) geschrieben. Vor jeder neuen Anmerkung kann man eine halbe Zeile Zwischenraum einschieben. Jede Anmerkung wird in Großbuchstaben begonnen (dies gilt auch für A.a.O. und Ebd.). Die Anmerkungen werden kapitelweise oder durch die ganze Arbeit durchnumeriert.

Für den Schreiber hat die Methode der Fußnote den Nachteil, daß er jeweils genau ausrechnen muß, wieviel Text noch auf der Seite unterzubringen ist, da sonst eventuell die Anmerkungen ganz oder teilweise auf die nächste Seite kommen und der Vorteil des Verfahrens damit beeinträchtigt ist. Daher ist es bei größeren Arbeiten (Staatsarbeiten, Dissertationen usw.) üblich, die durchgezählten Anmerkungen geschlossen an das Ende der Arbeit zu stellen. In diesem Fall sollte man sie aber entweder als getrennten Band heften oder – wenn sie nicht so zahlreich sind – getrennt in einer Tasche auf dem hinteren Einbanddeckel unterbringen. Der Leser kann dann Text und Anmerkungen parallel lesen und spart sich so das lästige Blättern. – Bereitet man ein Typoskript zum Druck vor, sind umständlichere Verfahren zur Erlangung eines gleichmäßigen Satzspiegels wie zur Bequemlichkeit des Lesers zu empfehlen (vgl. 13.2).

Der *Stil der Anmerkungen* kann telegrammartig sein. Geläufige Abkürzungen bieten sich hier an. Bei wiederholtem Zitieren desselben Titels arbeitet man entweder mit Kurzfassungen, z. B.: Rahner: Grundkurs, S. 100; mit Rückverweisen auf das Vorkommen des Titels, wenn er schon vor längerer Zeit zitiert wurde, z. B.: Rahner: Grundkurs (s. Anm. 4), S. 100; üblicherweise auch mit den Kürzeln „a. a. O." (am angegebenen Ort, d. h.: die bibliographischen Angaben sind bereits in irgendeiner früheren Anmerkung aufgeführt) und „ebd." (ebenda, d. h.: die Angaben finden sich in der vorigen Anmerkung). Die Verwendung von a. a. O. ist allerdings häufig nicht so günstig, da man nie weiß, wie weit man zurückblättern muß, um die bibliographischen Angaben zu finden. Deshalb werden hier die anderen Verfahren empfohlen.

Besitzt die Arbeit ein Literaturverzeichnis (vgl. 12.6), kann man die Verweise so anlegen, daß sie nach dem Verzeichnis auflösbar sind (bibliographiebezogenes Zitieren). Man zitiert dann nur Verfasser und Jahr und fügt die Seitenzahl hinzu, z. B.: Rahner (1976), S. 100. Solche Belege sollte man zweckmäßigerweise im laufenden Text unterbringen. Zum Verfahren vgl. 12.6. Es ist aber wohl nicht nur Nostalgie, wenn man die „klassische" Form der Zitatbelege in Fußnoten vorzieht, jedenfalls solange wenigstens rudimentäre Kurztitel mitangegeben werden. Bei literaturbezogener Arbeit ist dies immer eine wichtige Information und das ständige Blättern im Literaturverzeichnis eine lästige Angelegenheit.

12.6 Literaturverzeichnis

Bei umfangreicheren wissenschaftlichen Manuskripten – vom ausgebauten Referat bis zur Dissertation – ist es üblich, ein eigenes Literaturverzeichnis beizufügen. Eine solche Liste erfüllt mehrere Aufgaben: sie erleichtert die Kontrolle über die benutzte Literatur, sie erfüllt – im besten Falle die Aufgaben einer Spezialbibliographie, die späteren Arbeiten über das gleiche oder ein ähnliches Thema die Literatur bis zu einem bestimmten Zeitpunkt nennt, und sie ermöglicht es, die Literaturangaben in den Anmerkungen gekürzt zu bieten.

Die *Anlage* eines solchen Verzeichnisses erfordert ein gewisses Fingerspitzengefühl. Nicht alles irgendwie genannte Material muß unbedingt aufgeführt werden. Selbstverständlich zu benutzendes Handwerkszeug – z. B. der „Denzinger" in einer dogmatischen Arbeit – sollte nicht eigens genannt werden, es sei denn, es käme gerade auf die Kontrolle dieser handwerklichen Kenntnisse an. Bei einer Spezialuntersuchung ist es eigentlich nur sinnvoll, die unmittelbar für das Thema relevanten Titel anzuführen. Diese scheidet man bei einer historischen oder philologischen Arbeit sinnvollerweise in die beiden Abteilungen „Quellen" und „Sekundärliteratur". So gehören beispielsweise bei einer Arbeit über Hegel die entsprechenden Einzel- und Werkausgaben und eventuell die direkt darauf bezogenen Dokumente in die erste Rubrik; auch Hilfsmittel wie Register, Konkordanzen, Bibliographien könnte man hier nennen (dann sollte man als Titel „Quellen und Hilfsmittel" wählen). Nicht in diese Abteilung gehören die sonst benutzten Werke klassischer Philosophen. Sie wird man im Normalfall nicht nennen, da ja – um bei dem Beispiel zu bleiben – eine Arbeit über Hegel kein bibliographisches Handbuch zur Geschichte der Philosophie ersetzen soll. Will man nach ihnen bibliographiebezogen zitieren, gehören sie eigentlich in die zweite Rubrik „Sonstige Literatur". Hierhin kommt die gesamte Sekundärliteratur.

Selbstverständlich kann man ein Literaturverzeichnis auch in mehrere Rubriken untergliedern (um im Beispiel zu bleiben: Werke Hegels – Hilfsmittel – Sonstige Quellen der Philosophiegeschichte – Sekundärliteratur zu Hegel – Sonstige...). Das kommt ganz auf die Funktion an: Soll es vornehmlich die Funktion eines bibliographischen Spezialverzeichnisses erfüllen, kann dies sinnvoll sein. Will man jedoch nach dem Literaturverzeichnis bibliographiebezogen zitieren, also die im Literaturverzeichnis benutzten Werke in den Anmerkungen nur in Kurzfassung angeben, so sollte man höchstens zwei Sparten unterscheiden. Entweder muß man dann die Sekundärliteratur mit den sonstigen benutzten Werken mischen und nimmt so der Spezialbibliographie zum Thema ihren eigentlichen Sinn, oder man zitiert in den Anmerkungen nur die Sekundärliteratur im strengen Sinn mit Kurztiteln und nennt alles weitere mit vollen bibliographischen Angaben. In der ersten Anmerkung müßte man dieses Verfahren aber erläutern. Auf alle Fälle darf die Eindeutigkeit der Angaben wegen einer geringen Platz- und Arbeitsersparnis nicht leiden.

Die *Ordnung* innerhalb eines Literaturverzeichnisses sollte im Normalfall *alphabetisch* sein. Ob man die Initialen der Vornamen voranstellt oder nachstellt, ist eine Geschmacksfrage. Schreibt man die Vornamen aus – was zu empfehlen ist – so ist die Nachstellung übersichtlicher. Welche bibliographischen Angaben zu nennen sind, ist in Abschnitt 4 notiert. Anonyme Sachtitel werden nach der natürlichen Wortfolge in das Alphabet der Verfasser eingeordnet. In einigen Fällen – in der Abteilung „Quellen" wohl meistens – ist auch die *chronologische Ordnung* sinnvoll (etwa mit weiteren Untergliederungen, z. B. bei Hegel: Gesamtausgaben – Einzelausgaben – Hilfsmittel). Dies gilt besonders für Bibliographien, die die Forschungsentwicklung eines bestimmten Gegenstandes dokumentieren. In solchen Fällen mag auch eine *systematische Anordnung* gelegentlich sinnvoll sein.

Das Verzeichnis legt man in Listenform an; beginnt also für jede Einheit mit einer neuen Zeile. – Die Ordnung der Literatur in der entsprechenden Reihenfolge ist am leichtesten zu bewerkstelligen, wenn man sie schon in Karteiform gesammelt hat (vgl. 6.4 zur Streifenkartei). Mehrfach wurde schon auf das *bibliographiebezogene Zitieren* eingegangen, - hier noch einmal aus dem Blickwinkel „Literaturverzeichnis“: Numeriert man das Verzeichnis durch, so kann man im laufenden Text oder den Anmerkungen mit Nummer und Seitenzahl exakte Angaben machen. Nachteil: Der Leser muß viel blättern und hat keine inhaltlichen Hinweise durch die Nummern. Die zweite Möglichkeit ist, mit Name und Erscheinungsjahr zu zitieren. Dann muß das Verzeichnis möglichst auch in der Form angelegt werden, daß hinter dem Verfassernamen das Erscheinungsjahr angegeben wird. Mehrere Veröffentlichungen eines Verfassers sind dann mit Zusätzen zu kennzeichnen (1976a, 1976b usw.); bei Titelangaben „o. J.“ ergeben sich weitere Schwierigkeiten. Die Nachteile sind fast die gleichen wie bei der ersten Methode. Die dritte und empfehlenswerteste Form bibliographiebezogenen Zitierens ist die Angabe von Verfasser und Kurztitel in der Arbeit (im Text oder im allgemeinen besser in Fußnoten); die Literaturliste kann dann mit bibliographisch korrekten Angaben (wie in 4 erläutert) in alphabetischer Folge angelegt werden.

Im Grunde muß man sich zwischen zwei alternativen Möglichkeiten entscheiden: entweder dem Leser möglichst bequem die Angaben, die er ggf. benötigt, an der Stelle darzubieten, wo er bei der Lektüre auf sie stößt, und das spricht für möglichst komplette bibliographische Angaben in Fußnoten; oder aber von einer rationellen und platzsparenden Konzeption der Vermittlung dieser Informationen auszugehen, und das spricht für möglichst weitgehenden Wegfall von Fußnoten, möglichst knappe Belegangaben im Text, möglichst einfaches bibliographiebezogenes Zitiersystem (etwa Version zwei im obigen Text).

12.7 Abkürzungsverzeichnis

Ein eigenes Abkürzungsverzeichnis wird in vielen Fällen nicht nötig sein. Referate sollten ohne ein solches auskommen. Ein Hinweis zur Auflösung der möglichst sparsam verwendeten Abkürzungen mag genügen, etwa: „Die in dieser Arbeit verwendeten Abkürzungen richten sich nach dem Abkürzungsverzeichnis zur Theologischen Realenzyklopädie." Falls dies sinnvoll ist – etwa weil doch mehr Abkürzungen aus sachlichen Gründen nötig waren – kann man die daraus verwendeten Abkürzungen aber auch noch eigens in einer Liste zusammenstellen. Bei Monographien über einen bestimmten Autor werden häufig dessen Werke durch Sigel zitiert (KdrV, S.th. u.a.m.). Eine kurze Liste dieser Abkürzungen sollte dann auch beigegeben werden (zumindest wenn es um ungewöhnlichere Titelkürzungen geht). Generell sollte man aber überlegen, ob man nicht mit Kurztiteln arbeiten und den Leser dadurch stärker schonen kann!

12.8 Titelblatt

Der letzte Schritt bei der Anfertigung eines Typoskripts ist das Schreiben des Titelblattes. Bei Prüfungsarbeiten sehe man zunächst in der entsprechenden Prüfungsordnung nach, ob eine bestimmte Form vorgesehen ist. Dies ist aber meistens nicht der Fall. Bei Referaten kann man sich an folgendes Schema halten:

Institut (bzw. Seminar)
Seminarart (Pro-, Hauptseminar usw.), Seminarleiter, Semester
Thema des Seminars
Titel der Arbeit
vorgelegt von N. N.
Datum, Adresse

Dabei sollten Titel und Verfasser zentriert werden. Man tippt dazu am besten die vollständige Titelei einmal ab und zählt dann die Anschläge aus (Wortzwischenräume mitzählen!), –

wenn man keine elektronische Schreibmaschine zur Verfügung hat, die automatisch zentriert (8.3). Die übrigen Angaben brauchen nicht, können aber zentriert werden. Als Mittelachse beim Zentrieren ist die *optische Mitte* der Seite zu wählen. Bei Heftung oder bei gebundenen Arbeiten ergibt sich dadurch eine leichte Verschiebung nach rechts.

Bei Zulassungsarbeiten, Dissertationen usw. ändert sich das Schema leicht:

Titel
Zweck der Arbeit (z. B.: Als Inauguraldissertation zur Erlangung der Doktorwürde an der Theologischen Fakultät vorgelegt von)
Name
Jahr

Diese Angaben werden am besten zentriert. Bei den verwendeten Formen halte man sich an den ortsüblichen Modus (Prüfungsordnungen!). Ein eigenes Titelblatt entfällt im allgemeinen bei Protokollen (vgl. 10.1). Bei zu vervielfältigenden Referaten spart man möglichst Platz und schreibt alle Angaben auf den Kopf der ersten Seite. Doch dies sind nur Billigkeitsregeln, keine „Normen“.

12.9 Sonstige Beigaben

Bei manchen Prüfungsarbeiten ist eine Erklärung des Verfassers beizufügen, in der er versichert, die Arbeit eigenständig und ohne Benutzung nicht angegebener Hilfsmittel verfertigt zu haben. Die Prüfungsordnungen informieren darüber.

Bei Dissertationen wird im allgemeinen ein kurzer Lebenslauf mit Angaben über den Ablauf des Studiums bzw. der Ausbildung verlangt, der üblicherweise an den Schluß der Arbeit gestellt wird. Man vergleiche auch hierzu die Promotionsordnungen.

Einige weitere Formalia bei Dissertationen, die im Druck veröffentlicht werden, nennt Abschnitt 13.5.

13 Vervielfältigungsverfahren, Kopie, Druck

13.1 Matrizenvervielfältigung, Fotokopie

Da im Universitätsbetrieb häufig Texte vervielfältigt werden, seien dazu einige Hinweise gegeben. Bei allen Verfahren ist die Voraussetzung, daß die Schreibmaschine gut gereinigt ist (besonders die Buchstaben e, a, d usw.) und daß mit der richtigen Anschlagstärke – und mit dieser möglichst gleichmäßig – gearbeitet wird. Elektrische Schreibmaschinen sind dabei wieder von Vorteil.

Die handelsüblichen *Spiritusmatrizen* werden folgendermaßen behandelt: Man entfernt zunächst das Zwischenblatt (Schutzblatt für die Farbschicht), spannt dann die Matrize wie jedes Schreibmaschinenpapier ein und beschriftet die Vorderseite. Das Farbband wird dazu nicht abgestellt (der leichteren Kontrollierbarkeit halber). Die auf der Matrize angezeigten Randbegrenzungen sind unbedingt einzuhalten.

Spiritusmatrizen ermöglichen auch mehrfarbige Abzüge. Es gibt neben den blau beschichteten Farbpapieren (die im allgemeinen vorgezogen werden, da sie eine hohe Abzugszahl ermöglichen) auch andersfarbige. – Bei Fehlern kann man entweder mit einem Speziallack korrigieren oder indem man mit einem Messer den Text abkrazt. Ist dies vorsichtig genug geschehen, so kann die Stelle (mit neuem Farbpapier unterlegt) neu beschriftet werden. Man kann fehlerhafte Stellen auch herausschneiden und/oder überkleben.

Das Spiritusverfahren kann noch bei anderen Aufgaben eingesetzt werden, z. B. beim Adressieren, wenn man häufig an den gleichen Kreis Briefe zu senden hat. Mit Hilfe der im

Handel angebotenen Kleinadressierer (z. B. Rena-Adressette) kann man auch Karteikarten vervielfältigen oder in Hefte usw. Abzüge anbringen.

Eine erhebliche Steigerung der Auflage ermöglichen die *Wachsmatrizen.* Sie arbeiten im Durchdruckverfahren. Die Matrize aus Seidenpapier ist mit einer dünnen, farbundurchlässigen, wachsartigen Schicht versehen. Sie wird bei abgestelltem Farbband mit der Schreibmaschine so beschriftet, daß die Buchstaben diese Schicht durchschlagen. Beim Druck wird die Farbe durch diese Schablone auf das Papier gepreßt. Wenn man nach dem Beschriften die Matrize gegen das Licht hält, kann man sehen, ob die Buchstaben gut eingestanzt sind. Auf einer harten Unterlage kann man sie mit einem Spezialstift beschriften. Zur Korrektur muß man hier den entsprechenden Korrekturlack benutzen, der die durchgeschlagenen Buchstaben erneut abdeckt.

Wesentlich einfacher, bei höheren Stückzahlen allerdings auch wesentlich teurer, kann man vorliegende Texte durch *Fotokopie* vervielfältigen. Über die verschiedenen Verfahren brauchen wir hier nicht zu sprechen. Wir gehen davon aus, daß für jeden Normalpapierkopierer zur Verfügung stehen. Wie der Name sagt, benötigt man für diese keine Spezialpapiere. Die Geräte kopieren auch auf Folien, z. B. für Tageslichtschreiber-Projektion. In großen Bibliotheken oder gewerblichen Kopierläden gibt es Geräte, die in gewissem Rahmen stufenlose Verkleinerungen oder Vergrößerungen erlauben, wenn man den entsprechenden Faktor ausrechnet und eingibt. Bei Vorlagen, die schwarz/weiß wiederzugeben sind (Texte, Strichzeichnungen) ist das Kopieren problemlos. Schwierig ist es bei Halbtonvorlagen, z. B. bei Fotos. Für eine gute Wiedergabe müßten diese gerastert werden (in Punkte aufgelöst, vgl. Fotos in Zeitungen, wo man das meist relativ grobe Raster gut erkennen kann). Eine Qualitätsverbesserung kann man erreichen, wenn man Fotos durch eine Rasterfolie hindurch kopiert (z. B. Letracopy HT von Letraset). – In vielen Fällen ist es sinnvoller, Texte durch Fotokopie zu vervielfältigen als sie mit Kohle- und Durchschlagpapier in der entsprechenden Stückzahl zu schreiben, da man Korrekturen dann nur auf dem Original vor der Kopie und nicht auf mehreren Durchschlägen zusätzlich ausführen muß und die Wiedergabequalität höher ist als bei Durchschlägen.

13.2 Gestaltung einfacher Druckvorlagen

Bei der Veröffentlichung wissenschaftlicher Arbeiten (bes. Dissertationen) ist es oft nötig, Druckvorlagen zu erstellen, die mittels des Offset-Drucks[69] vervielfältigt werden. Damit wird die Last der Erarbeitung einer ästhetisch und technisch befriedigenden Vorlage an einer Stelle verschoben, an der im allgemeinen weder Grundkenntnisse noch Erfahrung in diesen Dingen gegeben sind. Die folgenden Ausführungen können dieses Problem nicht lösen, sondern wollen nur einige aus Erfahrung gewonnene Tips geben, die die allergängigsten Dinge betreffen.

Die im Abschnitt 12 angegebenen technischen Voraussetzungen für ein gutes Typoskript gelten auch hier. Beim Druck kommt es aber stärker als bei der Erstellung eines Typoskripts für inneruniversitäre Zwecke auf das Einhalten eines gleichmäßigen *Satzspiegels* an, da die einzelnen Seiten nicht Blatt hinter Blatt, sondern parallel zueinander stehen; d.h. jede Seite sollte die gleiche Zeilenzahl (im gleichen Zeilenabstand gemessen) enthalten, auf der gleichen Höhe beginnen und den linken (und möglichst auch rechten) Rand gleichmäßig einhalten. Wenn man nicht auf den Komfort einer elektronischen Schreibmaschine mit Blocksatzeinrichtung zurückgreifen kann (die also einen gleichmäßigen rechten Rand ermöglicht), darf man die vorher festgelegte rechte Randbegrenzung nicht überschreiben. Die Festlegung des Satzspiegels sollte man eventuell vorher mit dem Verlag ausmachen. Typische „Dissertationenverlage“, die sich auf die Reproduktion solcher Ar-

[69] Zur Geschichte und Technik der Druckverfahren vgl. umfassend STIEBNER, Erhardt D: *Bruckmann's Handbuch der Drucktechnik.* München : Bruckmann, ³1982.

beiten im Offsetdruck spezialisiert haben, liefern Hefte mit entsprechenden Anweisungen[70]. Wenn solche Festlegungen nicht vorgegeben werden, kann man sich an die Angaben in 12.1 in etwa halten. Den linken Rand kann man fünf Anschläge früher beginnen lassen. Die Zeile hat dann ca. 60–65 Anschläge bei 10 Zeichen pro Zoll, die anderthalbzeilig geschriebene Seite ca. 36 Zeilen, eine Leerzeile und die Zeile für die Seitenzahl (dies sind ca.-Werte; da das Typoskript für den Druck verkleinert wird und da die entsprechenden Dissertationsreihen verschiedene Formate haben – vgl. z. B. FThSt und EHS –, sehe man sich vorher entsprechende Beispiele an). Seitenzahlen werden unten auf der Seite so geschrieben, daß die geraden Zahlen links, die ungeraden rechts stehen.

Vor dem Schreiben muß man auch genau festlegen, wie die *Überschriften* gestaltet werden sollen. Das hängt zum einen von der verwendeten Gliederungsart ab (vgl. 12.2). Zum anderen ist gegenüber sonstigen Typoskripten genauer auf die Abstände zwischen vorhergehendem und folgendem Text zu achten. Hauptteile des Buches beginnt man evtl. auf einer neuen rechten Seite – einer ungeradzahligen also – und läßt, wenn der vorangehende Teil rechtsseitig endet, eine Seite ggf. frei. Kapitel beginnen auf einer neuen – linken *oder* rechten – Seite. Nach solchen Hauptüberschriften bleibt eine bestimmte, genau festgelegte Zeilenzahl frei (drei oder vier). Vor Überschriften der nächsten Ordnung läßt man (z. B.) drei Zeilen frei, nach ihnen zwei.

Die Einhaltung eines gleichartigen Satzspiegels ist unproblematisch, wenn man keine Fußnoten auf der Seite unterbringen will. Will man dem Leser aber diese Annehmlichkeit bieten, so ist das schwierigste Verfahren, Text und Anmerkungen in *einem* Arbeitsgang zu schreiben. Der Typist muß dann immer genau berechnen, wieviel Zeilen er noch für die Fußno-

---

[70] Ähnlich z. B. auch die Technische Universität Berlin für ihre Schriftenreihe: Fleischer, Dietrich ; Levin, Andreas: *Aufbau einer Buchpublikation für den Offsetdruck : Muster und Erläuterungen zur Manuskriptgestaltung.* Berlin : UB, 1982 (Publikationspraxis 1).

ten zur Verfügung hat. Falls sich beim Schreiben Verschiebungen gegenüber der Vorlage ergeben, ist er machtlos... Einfacher ist es, die endgültige Satzvorlage durch *Klebeumbruch* zu erstellen: Der Text wie auch die Fußnoten werden fortlaufend auf getrennten Blättern geschrieben. Erst später wird beides auf schon mit den Seitenzahlen versehene weiße DIN A 4-Blätter geklebt. Mit einem Cuttermesser wird jeweils so viel vom Text und von den Anmerkungen abgeschnitten, wie auf einer Seite unterzubringen ist. Die Textstücke werden mit einem Montagekleber (Fixogum) aufgeklebt, der nachträgliche Verschiebungen beim Fixieren oder sogar ein nachträgliches vorsichtiges Abziehen der geklebten Stücke erlaubt. Soll zwischen Text und Anmerkungen ein Strich gezogen werden (vgl. 12.5), so kann dies am besten nachträglich mit Lineal und Tuschefüller (Isograph, Variograph) geschehen.

Strichzeichnungen, Diagramme usw. führt man am besten immer mit Tuschekuli aus, da nicht bei allen Schreibmaschinen gleichmäßige Striche möglich sind und dies in vielen Fällen zu kompliziert würde (senkrechte Striche bedeuten neues Einspannen des Papiers usw.)[71].

Für viele Spezialaufgaben gibt es Sonderzeichen auf Abreibefolien (Letraset, Mecanorama, Edding), - von Musiknoten bis zu technischen Symbolen. Auch gibt es praktisch alle wichtigen, im Buchdruck üblichen Schriften auf solchen Folien. Man legt die Folie mit dem Symbol auf die entsprechende Stelle und reibt auf der Rückseite der Folie mit einem Anreiber (manche Haushaltsgeräte kann man auch nehmen; in vielen Fällen werden dadurch aber die Folien beschädigt und die Qualität nachfolgender Arbeiten wird notgedrungen schlechter), bis das Symbol oder der Buchstabe sich ablöst, und glättet das abgeriebene Symbol mit Hilfe der dem Abreibebogen beiliegenden Schutzfolie, bzw. reibt es fest auf das Papier. Für das Aufreiben evtl. nötige Bleistiftstriche zur Positionierung kann man vorsichtig wegradieren, sobald das Symbol sich mit

[71] Vgl. 8.1; zu Einzelheiten der Gestaltung von Typoskripten auch PFEIFFER-RUPP, Rüdiger: *Handbuch* (Anm. 51).

dem Papier entsprechend verbunden hat. Wer damit umzugehen versteht, kann mit Abreibesymbolen oder -schriften sehr gute, kontrastreiche Druckvorlagen erstellen. Man kann z. B. auch Überschriften von Hauptteilen o. ä. damit gestalten. Doch gehört hierzu ästhetisches Empfinden und praktisches Geschick.

Halbtonvorlagen, z. B. Fotos, müssen für den Druck gerastert werden, was eine Verteuerung darstellt und am besten vorher mit dem Verlag geklärt wird (vgl. aber 13.1, Fotokopie, für einfachere Druckvorlagen).

Wird die Druckvorlage für die Microverfilmung erstellt, so ist besonders auf kontrastreiche Gestaltung der Druckvorlagen zu achten. Einige einschlägige Normen für die Verfilmung finden sich in den in Anmerkung 26 genannten Bänden „Publikation und Dokumentation".

13.3 Buchdruck

Wir fassen hierunter die vielen technischen Verfahren zusammen, die die gemeinsame Voraussetzung haben, daß man den Schreibauftrag (bzw. Satzauftrag) einem Verlag übergibt, der dann dafür sorgt, daß ein reproduktionsfähiges Manuskript entsteht. Bei Schreibsatzverfahren ist der Unterschied zum bisher Gesagten noch nicht so groß, nur liegt die Verantwortung an anderer Stelle, denn die formale Gestaltung des Manuskripts übernimmt der Verlag. Ihm ist dafür ein Manuskript vorzulegen, daß nicht in allem ästhetisch schön, wohl aber unbedingt klar sein muß und dem Schreiber/Setzer keine Erfassungsschwierigkeiten machen darf. Wenn die Satzvorlage hierfür eigens nochmals geschrieben werden muß, soll man alle Texte – auch die Anmerkungen – grundsätzlich anderthalbzeilig schreiben und diese am besten auf getrennte Blätter.

Wie auch immer die Texterfassung vorgenommen wird (Speicherschreibmaschine, optische Erfassung über OCR-B-Schrift, herkömmlicher Satz) und der Druck ausgeführt wird

(Lichtsatz und Offsetdruck oder Bleisatz und Hochdruck o. a.), auf alle Fälle muß der Autor nochmals die *Korrektur* seines Werkes lesen. Bei den üblichen Satzverfahren erhält der Autor gewöhnlich zweimal Korrekturbögen zugesandt. Zunächst werden ihm die sogenannten Druckfahnen zur *Fahnenkorrektur* vorgelegt. Hierbei ist der Text in langen Kolumnen ohne Rücksicht auf die spätere Seitenaufteilung und getrennt von den Anmerkungen gesetzt. In diesem Stadium sind eventuelle Erweiterungen des Textes noch möglich. Nachträgliche Textänderungen, sogenannte Autorenkorrekturen, werden in der Regel dem Autor berechnet, wenn sie das übliche Maß, nämlich 10% der Satzkosten überschreiten[72]. Eine weitere Korrektur erfolgt, wenn die Seiten „umbrochen" sind, d. h. wenn der endgültige Satzspiegel erstellt ist *(Umbruchkorrektur)*. Dabei ist besonders darauf zu achten, ob die Erstkorrekturen richtig ausgeführt worden sind. In diesem Stadium sind Korrekturen, die den Satzspiegel verändern, nur noch unter hohen Kosten möglich. Nun werden auch noch letzte Schönheitsretuschen vorgenommen, wie etwa das „Einbringen" einzeln überhängender Zeilen durch Textkürzungen.

Die zu verwendenden *Korrekturzeichen* sind nach DIN 16511[73] genormt. Die Grundregeln lauten dabei: „Die Eintragungen sind so deutlich vorzunehmen, daß kein Irrtum entstehen kann. *Jedes* eingezeichnete Korrekturzeichen ist am Papierrand zu wiederholen. Die erforderliche Änderung ist rechts neben das wiederholte Korrekturzeichen zu schreiben, sofern das Zeichen nicht... für sich selbst spricht. Das *Einzeichnen* von Korrekturen *innerhalb des Textes* ohne den dazugehörigen Randvermerk ist *unbedingt zu vermeiden... Bei mehreren Korrekturen innerhalb einer Zeile sind unterschiedliche Korrekturzeichen anzuwenden.* Ergeben sich in einem Absatz umfangreichere Korrekturen, wird das Neuschreiben des

---

[72] Vgl. dazu HUBMANN, H.: *Urheber- und Verlagsrecht.* München: Beck, ²1966, S. 203. (Der ganze § 44 handelt vom Verlagsvertrag.)

[73] Abgedruckt auch im Rechtschreibungs-Bd. der Reihe „Der große Duden".

Absatzes empfohlen"[74]. Es ist nebenbei darauf hinzuweisen, daß diese Korrekturzeichen für den gesetzten Text gelten. Korrekturen in dem Manuskript, das man vor dem Satz dem Verlag einreicht, sollen direkt im Text ohne derartige Zeichen vorgenommen werden.

Korrekturen sind mit äußerster Pedanterie durchzuführen. Der ungeübte Korrektur kann nicht sorgfältig und langsam genug lesen. Besonders Zahlen, Stellenangaben usw. sind für Fehler anfällig. Beim Umbruch achte man auch darauf, ob irgendwo eine Zeile ausgefallen ist und ob die Korrespondenz der Anmerkungen zum Text zutreffend ist. Besonders peinlich sind Fehler auf Titelblättern (Name, Titel, bibliographische Angaben)[75]. – Beispiele für Korrekturzeichen:

Fehlerart	Fehlerhafter Text	Korrekturzeichen
Falscher Buchstabe	Wer als Vertrater einen Vertrag ge-	|e
Falsche Schrift	schlossen hat, ist, sofern er nicht seine	|o ||ne
Fehlender Buchstabe	Vertretngsmacht nachwst, dem andern	|tu ⌊wei
Buchstabe zuviel	Thheile nach dessen Wahl zur Erfüllung	[Tilgungszeichen]
Auf dem Kopf stehenderBuchstabe (Fliegenkopf)	oder zum Sch■densersatz verpflichtet,	|a
Schlechter Buchstabe	wenn der Vertreone die Genehmigung	|W |-ten
Verkehrter Buchstabe	des Vertrags verweigert. Hat der Ver-	|v
Verstellter Buchstabe	treter den Mangel der Vertertungsmacht	[Umstellungszeichen]
Doppelt gesetztes Wort (Hochzeit)	nicht nicht gekannt, so ist er nur zum	[Tilgungszeichen]
Ausgelassenes Wort (Leiche)	Ersatz desjenigen ⌊ verpflichtet, welchen	⌊Schadens

[74] DIN 16511 01.66, S. 1. Hervorhebungen von mir.

[75] Zu Fragen der Drucklegung vgl. auch WEITERSHAUS, Friedrich W.: *Duden : Satz- und Korrekturanweisungen.* Mannheim : Bibliograph. Institut, [4]1980 (Duden-Tb. 5), sowie das in Anm. 30 genannte umfassende *Chicago manual of style.*

Fehlerart	Fehlerhafter Text	Korrekturzeichen
Unrichtige Wortfolge	Teil der andere dadurch erleidet, daß	1 2 3 4
Gestiegener Ausschluß (Spieß)	er auf die Vertretungsmacht vertraut,	#
Zu großer Abstand	jedoch nicht über den Betrag des Inter-	
Falscher Zwischenraum	esses hin aus, das der andere Teil an der	
Zwischenraum fehlt	Wirksamkeitdes Vertrags hat. Der Ver-	
Hochstehender bzw. abfallender Buchstabe	treter haftet nicht, wenn der andere	
Sperrung übersehen	Teil den Magnel der Vertretungsmacht	
Irrtümlich gesperrt	kannte oder kennen mußte. Der	
Auszeichnung übersehen	Vertreter haftet jedoch nicht, wenn er	fett
Irrtümlich ausgezeichnet	in der Geschäftsfähigkeit **beschränkt**	nicht fett
Absatz (Alinea) übersehen	war. Bei einseitigem Rechtsgeschäft	
Irrtümlich abgesetzt	ist unzulässig:	
	Vertretung ohne Vertretungsmacht.	
Einzug vergessen	Hat jedoch derjenige, welchem gegen-	
Irrtümlich eingerückt	über ein solches Rechtsgeschäft vor-	
Zu weit vorgerückt	zunehmen war, die von dem Vertreter	
Unrichtige Zeilenfolge	Vornahme des Rechtsgeschäfts nicht behauptete Vertretungsmacht bei der	2 1
Durchschuß fehlt Irrtümlich kursiv	beanstandet, oder ist er damit einverstanden gewesen, daß der *Vertreter* ohne	nicht kursiv
Zuviel Durchschuß Irrtümlich nicht kursiv	Vertretungsmacht handle, so finden die Vorschriften über Verträge Anwendung.	

Auch wenn der Pius XI. zugeschriebene Satz, ein Buch ohne Register sei kein Buch, nicht unfehlbar ist, so sollten doch wissenschaftliche Monographien bei Drucklegung durch ein Register erschlossen werden[76], jedenfalls wenn dies nicht durch Umfangs-, Preisgründe o. ä. zu sehr erschwert ist. Ein Register legt man in fast allen Fällen am besten *alphabetisch* an (vgl. 7.1: DIN 5 007). Wenn möglich, sollte man einem *einheitlichen Register* den Vorzug vor einem differenzierten (Personen-, Sach-, Ortsregister usw) geben, doch hängt dies von der Art der zu analysierenden Arbeit ab. Manche Spezialregister (z. B. ein Bibelstellenregister, das man in der Reihenfolge der biblischen Bücher anlegen wird) lassen sich ohnehin nicht sinnvoll in ein alphabetisches Einheitsregister einordnen. Begriffe und Fakten kann man nach dem Prinzip des Stichworts (aus der Vorlage genommene Kennzeichnung) oder des Schlagworts (nach bestimmten Regeln gebildete Benennung, die nicht in der Vorlage selbst vorkommen muß) verzeichnen. Beides hat verschiedene Funktionen. Zur Auffindung von Titeln dient z. B. ersteres. Für die Erschließung systematischer Arbeiten ist es aber unumgänglich, Schlagwörter zu bilden und diese ggf. durch Unterschlagwörter weiter aufzugliedern[77]. Da diese Arbeit eine genaue Kenntnis des Stoffes voraussetzt, muß (leider) möglichst der Verfasser das Register erarbeiten. Die Prinzipien, nach denen er vorgegangen ist, sollten ggf. in einer Vorbemerkung mitgeteilt werden.

Das Register fertigt man an, wenn der *Umbruch* vorliegt und die Seitenzahlen sich nicht mehr verschieben. Man unterstreicht zunächst die in Frage kommenden Namen oder Sa-

---

[76] Sehr empfehlenswert ist nach wie vor das Büchlein von Horst KUNZE: *Über das Registermachen.* München-Pullach: Verl. Dokumentation, 1964. Vgl. auch DIN 31 630 T. 1: *Registererstellung : Grundlagen; Formale Gestaltung von gedruckten Registern,* auch abgedruckt in: *Publikation und Dokumentation* (Anm. 26), Bd. 1, S. 352–371.

[77] Vgl. zur sinnenfälligen Demonstration einzelne Begriffe des *Stichwortregisters* in: *Rahner-Register.* Zürich: Benziger, 1974, mit dem *Schlagwortregister* in RAHNER, Karl: *Schriften zur Theologie.* Bd. 2. Einsiedeln: Benziger, 1955.

chen und verzettelt sie dann (DIN A 7 genügt meist; evtl. Rückseite gebrauchter Karteikarten). Seitenzahlen sollten genau angegeben werden (nicht 187 ff., sondern 187-195). In einer zweiten Lektüre muß man die Angaben auf Fehler und Auslassungen hin durchsehen, Schlagwörter vereinheitlichen, Synonyme ausmerzen und Verweisungen einfügen.

Eine andere Methode ist, für jeden Buchstaben ein DIN A 4-Blatt anzulegen und die Blätter in einer entsprechenden Mappe zu ordnen. Dadurch kann man das viele Blättern in einer Zettelkartei u. U. vermindern: wenn die Schlagwörter nicht von Anfang an festliegen, muß man aber die Blätter wohl öfter neu schreiben, um die Übersichtlichkeit zu wahren, was neue Fehlerquellen mit sich bringt.

Mit Hilfe einer komfortableren elektronischen Speicherschreibmaschine mit Display und selbstverständlich um so mehr mit noch komfortableren Datenverarbeitungsgeräten kann Registerarbeit wesentlich erleichtert werden. Doch ist dies für die meisten vermutlich noch ein Zukunftsthema.

Der Vergleich mehrerer Register dürfte wohl die beste Vorbereitung sein. Man achte dabei auch auf die typographische Gestaltung. – Daß das Register am Ende der Arbeit stehen sollte, ergibt sich von seiner Bestimmung her wohl von selbst.

13.5 Drucklegung von Dissertationen – einige Besonderheiten

Dissertationen lassen sich im allgemeinen nicht durch den Verkauf finanzieren. Die veröffentlichenden Verlage verlangen Druckkostenzuschüsse. Da diese recht erheblich sein können, sollte man sich informieren, ob es irgendwelche Fördervereinigungen, Stiftungen o. ä. gibt. Es ist sinnvoll, sich mehrere Verlagsangebote einzuholen. Dabei ist nicht nur die Frage der Zuschüsse zu bedenken, sondern auch die der Verbreitung und Werbung. Eine Publikation in einem renommierten Verlag ist u. U. eher über den Buchhandel präsent als eine solche in einem typischen „Dissertationsverlag". Von der Werbung her gesehen, kann der Aufwand durchaus umgekehrt sein. Sieht man davon ab, seine Arbeit über den Verlagsbuchhandel zu veröffentlichen, so muß man normalerweise eine hohe Anzahl von Pflichtabgabestücken an die promovierende Fakultät abliefern. Teurer braucht die Veröffentlichung daher noch nicht zu werden. Nach den meisten Promotionsordnungen sind die technischen Verfahren der Veröffentlichung nicht festgelegt, sondern nur die Stückzahl. Zudem ist auch die Publikakation als Microfiche(s) prinzipiell möglich[78]. Der Nachteil dieser Art Veröffentlichung ist, daß die Rezeption erfahrungsgemäß bei privat gedruckten / vervielfältigten verfilmten Dissertationen (noch) geringer ist als bei solchen, die im Verlagsbuchhandel erscheinen.

Nach manchen Promotionsordnungen ist für die Veröffentlichung der Dissertation noch eine eigene Genehmigung des Dekans einzuholen. Die Promotionsordnungen informieren darüber.

Ob der bei Abgabe der Dissertation üblicherweise beizugebende Lebenslauf in den gedruckten Exemplaren enthalten sein muß (Datenschutz!), dazu muß man ebenfalls die rechtlichen Bestimmungen befragen. Wird die Dissertation über den Buchhandel vertrieben, muß man äußerstenfalls den Lebenslauf den Pflichtexemplaren beifügen (am billigsten in Kopie).

Bei Buchhandelsveröffentlichung der Dissertation sollte über dem Impressum (auf der Titelblattrückseite) ein „D" und das offizielle Sigel der Universitätsbibliothek angebracht werden (dort zu erfragen; z.B. Freiburg i.Br. = 25, d.h. über dem Impressum einer Freiburger Diss. steht: D 25).

Vor einiger Zeit hat die Deutsche Bibliothek in Frankfurt den Versuch gestartet, von den Promovenden „Abstracts" (Kurzzusammenfassungen) ihrer Arbeit zu erbitten und diese im Jahresverzeichnis der Dt. Hochschulschriften zu veröffentlichen. Das Projekt ist leider eingestellt worden. Dennoch ist die Beigabe eines Abstract zur Dissertation durchaus eine sinnvolle Sache.

---

[78] Vgl. *Dissertationen in Wissenschaft und Bibliotheken* (Anm. 56).

14 Bücherkunde zur Theologie

Dieser Abschnitt soll die für die Literaturermittlung im Fach Theologie wichtigsten bibliographischen Nachschlagewerke, Quelleneditionen und repräsentative Handbücher nebst einigen Hilfsmitteln nennen. Die Auswahl der theologischen „Disziplinen“ erfolgte aufgrund der faktischen Situation (vgl. Anm. 18). Es wurde vor allem auf deutschsprachige Literatur zurückgegriffen.

14.1 Allgemeine Bibliographie

14.1.1 Allgemeine bibliographische Nachschlagewerke

TOTOK, Wilhelm (Hrsg.): *Handbuch der bibliographischen Nachschlagewerke* / TOTOK-WEITZEL. Hrsg. von Hans Jürgen u. Dagmar KERNCHEN. 2 Bde. Frankfurt a. M.: Klostermann, [6]1984–85. (umfassendes Handbuch; im angekündigten Bd. 2 die Fachbibliographie; für die Theologie bearb. von Gerhard Schwinge).

Bibliographische Berichte. Frankfurt a. M.: Klostermann, 1959 ff. (laufende Verzeichnung neuer Bibliographien).

14.1.2 Nationalbibliographien

Vgl. die internationalen Angaben bei TOTOK (14.1.1), Bd. 1, S. 42 ff. Allgemeine Hinweise oben 3.1. Für die deutschsprachige Literatur sollte man kennen:

Gesamtverzeichnis des deutschsprachigen Schrifttums : 1700–1910. München : Saur, 1979 ff. (auf ca. 140 Bde. geplantes alphabetisches Verzeichnis ohne Sacherschließung oder Register; bibliographisch nicht zuverlässig, da reine Titelkumulation älterer Verzeichnisse ohne weitere Überprüfung; als Informationsquelle jedoch unentbehrlich).

Gesamtverzeichnis des deutschsprachigen Schrifttums : 1911-1965. München: Saur, 1976–1981 (150 Bde.; Forts. des vorigen Titels, beruhend auf nationalbibliograph. Verzeichnung; enthält auch Dissertationen).

DB *Deutsche Bibliographie.* Frankfurt a. M.: Buchhändler-Vereinigung, 1947 ff. (das fortlaufend erscheinende nationalbibliograph. Verzeichnis in der Bundesrepublik Deutschland; für die Verzeichnung der in der Bundesrepublik erscheinenden Literatur auf Pflichtexemplaren basierend, für das Gebiet der DDR, der Schweiz und Österreichs auf Belegexemplaren und in den kurzperiodischen Heften ggf. durch deren Nationalbibliographien zu ergänzen. Die DB ist aufgeteilt in mehrere Reihen; vgl. Totok, Bd. 1, S. 54–57, darunter:)

A: *Erscheinungen des Verlagsbuchhandels.* (wöchentlich)

B: *Erscheinungen außerhalb des Verlagsbuchhandels.* (vierzehntäglich)

C: *Karten.* (vierteljährlich)

H: *Hochschulschriften-Verzeichnis.* (monatlich)

Weitere Reihen verzeichnen Musikalien, Musiktonträger, Amtsdruckschriften usw. Die Reihen A–C werden zu Halbjahres- und schließlich zu Fünfjahresverzeichnissen kumuliert, die alphabetisch nach den Titeln und nach Stich- und Schlagwörtern geordnet sind. Da die herausgebende Deutsche Bibliothek in Frankfurt seit 1965 mit EDV arbeitet, ist es möglich, über die Datenbank BIBLIO-DATA die seither erschienene Literatur zu recherchieren (vgl. 3.3).

14.1.3 Bibliothekskataloge

Einige alphabetische Kataloge von Großbibliotheken sind wegen der außerordentlichen Bestände gedruckt worden. Vor allem wegen deren Altbeständen sind die Kataloge der *Bibliothèque nationale* in Paris und des *British Museum* (jetzt Teil der British Library) in London bedeutend, letzterer verzeichnet auch personbezogene Sekundärliteratur. Soeben beginnt auch ein Kreuzkatalog (Verzeichnung unter Autor, Titel, Schlagwort: also mit Sacherschließung!) der Bestände der Washingtoner *Library of Congress* für den Zeitraum bis 1980 (auf ca. 10000 Microfiches) zu erscheinen. Von den bereits vorliegenden alphabet. Katalogen ist am wichtigsten und für die neuere Zeit als „Weltbibliographie" zu benutzen:

NUC *The national union catalog : Pre-1956 imprints.* 754 Bde. London: Mansell, 1968–81. (durch Mehrjahres-, Jahres-, Vierteljahreskumulationen und monatl. Verzeichnisse jeweils aktualisiert).

Dank der relativ günstigen Reproduktionsmöglichkeit durch Microfiches erscheinen laufend weitere Kataloge wichtiger Bibliotheken mit z. T. bedeutenden Altbeständen; ferner sind Teile regionaler Zentralkataloge in der Bundesrepublik inzwischen verfilmt; die Tendenz zur gemeinsamen Katalogisierung mittels EDV in den einzelnen Bibliotheksregionen läßt erwarten, daß auch bald solcherart entstandene Verzeichnisse allgemein zugänglich sein werden (vgl. zum jetzigen Stand Totok [14.1.1], Bd. 1, S. 31–41).

14.1.4 Zeitschriftentitelverzeichnisse

Ulrich's international periodicals directory. 2 Bde. New York; London: Bowker, ^{23}1984. (periodisch erscheinendes internationales Verzeichnis nach Sachgruppen; dient zur Ermittlung von Zeitschriftentiteln und Erscheinungs- bzw. Bezugsmodalitäten).

Die in den wissenschaftlichen Bibliotheken der Bundesrepublik gehaltenen Zeitschriften werden in der *Zeitschriftendatenbank* in Berlin elektronisch gespeichert (davon unabhängige regionale Verzeichnisse, die jetzt in die Zeitschriftendatenbank eingearbeitet werden, gibt es für Bayern und Niedersachsen). Die Microficheausgaben der Zeitschriftendatenbank (ZDB) sind in größeren Bibliotheken einzusehen; mancherorts werden daraus lokale Teilverzeichnisse erstellt; für die Theologie ist wegen des dortigen Sondersammelgebietes wichtig:

Universitätsbibliothek Tübingen: *Zeitschriftenverzeichnis Theologie.* 3. Ausg. Tübingen : UB, 1985.

Da es z. T. singuläre Bestände verzeichnet, ist wichtig:

Erbacher, Hermann: *Zeitschriften-Verzeichnis theologischer Bibliotheken.* Stand: Okt. 1978. Neustadt a. d. Aisch : Degener, 1980.

Zu theol. Zeitschriften-Verzeichnissen vgl. G. Schwinge. In: *Bibliothek* 5 (1981), S. 281-283.

14.1.5 Zeitschrifteninhaltsbibliographie

Die Ermittlung von Aufsätzen in Zeitschriften wird man im allgemeinen durch die laufenden Fachbibliographien (14.4.2) vornehmen; in einigen Fällen (z. B. um Titel in nicht-theologischen Zeitschriften zu ermitteln) sind allgemeine Zeitschrifteninhaltsbibliographien dafür heranzuziehen:

Internationale Bibliographie der Zeitschriftenliteratur aus allen Gebieten des Wissens. Osnabrück : Dietrich, 1965 ff. (Vorgänger erscheint seit 1897; bekannt als der sog. „Dietrich“).

Internationale Bibliographie der Rezensionen wissenschaftlicher Literatur. Osnabrück : Dietrich, 1971 ff.

Bulletin signalétique. Paris : CNRS, 1940 ff. (erscheint nach mehreren fachlichen Sektionen gegliedert).

Für die Geistes- und Sozialwissenschaften sind als periodische Bibliographien zur Zeitschriftenaufsatzerfassung ggf. auch die entspr. *Citation indexes* (3.3) heranzuziehen.

14.1.6 Hochschulschriftenverzeichnisse

Vgl. die 14.1.2 genannten Gesamtverzeichnisse und die Reihe H der DB, sowie Totok (14.1.1), Bd. 1, S. 237-250. Zur laufenden Übersicht über theologische Dissertationen auch den: Index international des dissertations doctorales en théologie et en droit canonique. In: *Revue théologique de Louvain* 9 (1978) und ff. Eine an die Gesamtverzeichnisse anschließende kumulierte Verzeichnung der deutschen Hochschulschriften bietet das

Gesamtverzeichnis der deutschen Hochschulschriften : 1966–1980. München : Saur, 1984 ff. (auf 24 Bde. und 16 Registerbde. geplant).

Das international umfassendste Dissertationenverzeichnis ist:

Dissertation abstracts international. Ann Arbor, Mich. : UMI, 1938 ff. (vormals u. d. T. *Microfilm* bzw. *Dissertation abstracts;* verzeichnet Dissertationen aus den USA und Kanada und neuerdings auch einige westeuropäische; sie sind in der Regel als Microfiche oder in Xerox-Ausgabe erhältlich, zur bequemeren sachlichen Übersicht dazu:)

Comprehensive dissertation index : 1961–1972. 37 Bde. Ann Arbor, Mich.: UMI, 1973. (darin Bd. 32: Philosophy and religion; das Verzeichnis wird durch Supplemente ergänzt).

14.2 Institutionen, Adressen

14.2.1 Verzeichnisse von Gesellschaften und Organisationen

The world of learning. London: Europa Publ. Ltd., [4]1983. (Bibliotheken, Museen, Universitäten, wissenschaftl. Institutionen; erscheint periodisch).

Weitere Verzeichnisse bei Totok (14.1.1), Bd. 1, S. 322-341.

14.2.2 Kirchliche Bibliotheken und Archive

Reichert, Franz J.: *Handbuch der kirchlich katholisch-theologischen Bibliotheken in der Bundesrepublik Deutschland und in West-Berlin.* München : Saur, [2]1979.

Bibliotheksführer der evangelischen Kirchen in der Bundesrepublik Deutschland und in West-Berlin. Stand: Frühjahr 1982. [Auslieferung:] Karlsruhe: Landeskirchl. Bibliothek, 1982.

Führer durch die Bistumsarchive der katholischen Kirche in der Bundesrepublik Deutschland und in Westberlin. München : Schnell und Steiner, 1977.

Handbuch des kirchlichen Archivwesens / DUMRATH, Karlheinrich ... (Bearb.) Bd. 1. Neustadt a. d. A.: Degener, [2]1977 (Veröffentlichungen d. Arbeitsgem f. d. Archiv- u. Bibliothekswesen i. d. evang. Kirche 3).

14.2.3 Kirchliche Adreß- und Institutionenverzeichnisse

Adreßbuch für das katholische Deutschland. Ausgabe 1983/1984. Paderborn: Bonifatius, 1983. (erscheint zweijährlich).

Annuario pontificio. Per l'anno 1985. Città del Vaticano: Libreria Editrice Vaticana, 1985. (jährlich).

Adressenwerk der evangelischen Kirchen. Stuttgart: Evang. Verl., 1984. (erscheint zweijährlich).

14.3 Biographische Nachschlagewerke

14.3.1 Allgemeine Biographie

Werke wie die *Allgemeine deutsche Biographie*, die *Neue deutsche Biographie* oder jüngst als Zusammenfassung diverser älterer Nachschlagewerke auf Microfiches das *Deutsche biographische Archiv* findet man in jeder Großbibliothek, wo man sich an der Auskunft leicht über ähnliches im internationalen Bereich usw. informieren kann, vgl. TOTOK (14.1.1), Bd. 1, S. 370–418; zu Personen der Zeitgeschichte vgl. die vielfältigen – ebd. genannten – Ausgaben der Gattung „Who's who" bzw. „Wer ist wer?" (vgl. 3.4); für den wissenschaftlichen Bereich ist wichtig:

Kürschners deutscher Gelehrtenkalender. 3 Bde. 14. Ausg. Berlin: de Gruyter, 1983. (erscheint periodisch).

14.3.2 Kirchlich-theologische Biographie

Hierzu sind durchweg auch die allgemeinen, allgemein-theologischen und die Fachenzyklopädien (14.6) heranzuziehen.

BBKL	BAUTZ, Friedrich W.: *Biographisch-bibliographisches Kirchenlexikon.* Hamm: T. Bautz, 1970–78 (18 Lieferungen, bis Heußer-Schweizer).

Biographischer Anhang. In: EKL[1], Registerbd., Sp. 273–924.

HURTER, Hugo: *Nomenclator literarius theologiae catholicae.* 6 Bde. New York: Burt Franklin, 1962. – Nachdruck der 3. Aufl. 1903–13.

KRAFT, Heinrich: *Kirchenväterlexikon.* München: Kösel, 1966.

Tusculum-Lexikon griechischer und lateinischer Autoren des Altertums und des Mittelalters / BUCHWALD, Wolfgang... (Bearb.). München: Heimeran, 1963. - Taschenbuchausgabe: Reinbek: Rowohlt, 1974 (rororo 6181). (auch für klass. Antike und profane Lit.).

Prosopographie chrétienne du Bas-Empire. Paris: CNRS, 1982 ff. (bislang nur Bd. 1: MANDOUZE, André: Prosopographie de l'Afrique chrétienne (303–533). 1982. - Umfassend angelegtes Werk).

BIETENHOLZ, Peter G. (Hrsg.): *Contemporaries of Erasmus : a biographical register of the Renaissance and Reformation.* Vol. 1: A–E. Toronto: Univ. Pr., 1985 ff.

STUPPERICH, Robert: *Reformatorenlexikon.* Gütersloh: Mohn, 1984.

BRANDL, Manfred: *Die deutschen katholischen Theologen der Neuzeit.* Salzburg: Neugebauer, 1978 ff. (nur Bd. 2: Aufklärung, erschienen; gilt als Neubearbeitung des „Hurter").

KOSCH, Wilhelm: *Das katholische Deutschland.* 3 Bde. Augsburg: Haas und Grabher, 1933–39 (unvollst., bis „Schlüter").

Vgl. auch die im Abschnitt 14.9 angeführten Werke. – Zur Hierarchie der katholischen Kirche:

EUBEL, Konrad (Begr.): *Hierarchia catholica medii [et recentioris] aevi.* 8 Bde. in Teilbdn. [jetzt:] Patavii: Messagero di San Antonio, 1913–1978. (jetzt bis 1903 reichend; verschiedene Bearbeiter).

Series episcoporum ecclesiae catholicae occidentalis ab initio usque ad annum MCXVIII. Stuttgart: Hiersemann, 1982 ff. (bislang 2 Bde. der Series V: Germania).

Gatz, Erwin (Hrsg.): *Die Bischöfe der deutschsprachigen Länder 1785/1803 bis 1905 : ein biographisches Lexikon.* Berlin : Duncker und Humblot, 1984.

14.3.3 Hagiographie

Zur Hagiographie gibt es ein breites Literaturangebot, vgl. Schwinge (14.4.1). Zur Ikonographie der Heiligen vgl. LCI. Als praktisches Nachschlagewerk, das u. a. auch die neusten liturgischen Gegebenheiten berücksichtigt, vgl.:

Wimmer, Otto ; Melzer, Hartmann: *Lexikon der Namen und Heiligen.* Innsbruck : Tyrolia, ^{5}1984.

14.3.4 Biograph. Werke zu Nachbargebieten der Theologie

Für die Philosophie:

Ziegenfuss, Werner; Jung, Gertrud: *Philosophen-Lexikon : Handwörterbuch der Philosophie nach Personen.* 2 Bde. Berlin : de Gruyter, 1949–50.

Dictionnaire des philosophes / Huisman, Denis (Hrsg.). 2 Bde. Paris : PUF, 1984.

Dizionario dei filosofi / Centro di studi filosofici di Gallarate (Hrsg.). Firenze : Sansoni, 1976. (nach EF^{2} gearbeitet).

Für die Musik:

Baker's biographical dictionary of musicians / Slonimsky, Nicolas (Hrsg.). London : Oxford Univ. Pr., 1985.

Für die Literatur:

Wilpert, Gero von (Hrsg.) : *Lexikon der Weltliteratur.* Bd. 1. Stuttgart : Kröner, ^{2}1975.

Für die Kunst:

Allgemeines Künstlerlexikon : die bildenden Künstler aller Zeiten und Völker / Meissner, Günter (Hrsg.). Leipzig : Seemann, 1984 ff. (monumental angelegtes Nachfolgewerk von *Allgemeines Lexikon der bildenden Künstler...* / Thieme, Ulrich ; Becker, Felix. 37 Bde. Nachdruck. Leipzig : Seemann, 1967–70).

14.4 Allgemeine theologische Bibliographie

14.4.1 Bücherkunden zur Theologie

Das 14.1.1 genannte Werk von Totok verzeichnet in Bd. 2 die Grundwerke der theol. Bibliographie (G. Schwinge). Umfassender ist:

> Schwinge, Gerhard: *Bibliographische Nachschlagewerke zur Theologie und ihren Grenzgebieten.* München: Verl. Dokumentation, 1975.

International am umfassendsten ist:

> Gorman, G. E. u. Lyn: *Theological and religious reference materials.* Westport, Conn.: Greenwood, 1984ff. (4 Bde. geplant).

Für die Literatur von 1700 bis ca. 1900:

> Gla, D.: *Systematisch geordnetes Repertorium der katholisch theologischen Literatur, welche in Deutschland, Österreich und der Schweiz seit 1700 bis zur Gegenwart erschienen ist.* 1 Bd. in 2 Teilbdn. Paderborn: Schöningh, 1895–1904.

Das lieferbare Schrifttum ist in folgenden Buchhandelsverzeichnissen zu ermitteln:

> *Das katholische Schrifttum.* Gesamtausgabe 1985. Stuttgart: Verband kath. Verleger u. Buchhändler, 1985.
>
> *Das evangelische Schrifttum.* Gesamtausgabe 1985. 2 Teile. Stuttgart: Vereinigung evang. Buchhändler, 1985.
>
> *Bücher zum Studium der evangelischen Theologie* / Raabe, Otto (Bearb.). 34. Ausg. Marburg: Elwert, 1984.

14.4.2 Periodische Bibliographien zur Theologie

Im Gegensatz zu den eben genannten Buchhandelsverzeichnissen, die zwar periodisch erscheinen, aber jeweils das aktuelle Angebot verzeichnen, sind im folgenden Bibliographien genannt, die laufend das theologische Schrifttum, ggf. mit zwischenzeitlichen Kumulierungen, anzeigen. Es sind dabei nur solche Periodika genannt, die mehr als ein theologisches Fach betreffen, auch wenn die Titelfassungen dies nicht immer anzeigen. Die Sect. 527: Histoire et sciences des religions, des *Bulletin signalétique* (14.1.5) könnte auch hier eingefügt werden.

RIO *Religion index one : Periodicals.* Chicago, Ill.: ATLA, 1979 ff. - Verzeichnet (mit Vorgänger) die Zeitschriftenlit. zu Religion/Theologie seit 1949; wie RIT auch elektron. über DIALOG recherchierbar (vgl. 3.3).

RIT *Religion index two : Festschriften.* Ebd. 1960 ff. (Berichtsjahr), ab 1976 erweitert auf *Multi-author works.*

Zeitschriftenaufsatzerfassung der Nordelbischen Kirchenbibliothek. Jahreszusammenfassung 1975. Hamburg: Nordelb. Kirchenbibl., 1979 (und ff.; aktueller ist der Zettelkartendienst, neuerdings auch Festschriftenauswertung)

Universitätsbibliothek Tübingen, Theologische Abteilung: *Mitteilungen und Neuerwerbungen.* Tübingen : UB, 1973 ff. (verzeichnet die Monographienkäufe des Sondersammelgebiets Theologie in systematischer Gliederung).

Universitätsbibliothek Tübingen, Theologische Abteilung: *Zeitschrifteninhaltsdienst Theologie.* Tübingen : UB, 1975 ff. (kopierte Titelseiten wesentlicher Fachzeitschriften, Register nach Verfassernamen, Bibelstellen, behandelten Personen).

RIC *Répertoire bibliographique des institutions chrétiennes.* Strasbourg: CERDIC, 1969 ff. (nach Ländern geordnete und durch Sachreg. erschlossene Bibliographie; umfassender als Titel vermuten läßt, z. B. auch systemat. Theologie enthaltend).

RIC.S *RIC-Supplément.* Strasbourg: CERDIC, 1973 ff. (Themenbeispiele für die thematisch angelegten Supplemente: Ehe und Ehescheidung, Staat und Kirche, Jesusbewegung usw.).

EThL *Ephemerides theologicae Lovanienses : Elenchus bibliographicus.* Louvain, 1924 f. (verzeichnet Literatur zu Theologie- und Theologengesch., Religionen, Religionsphil., systemat. Theologie, Kirchenrecht usw.).

Rassegna di letteratura tomistica. Napoli, 1966 ff. (Forts. des *Bulletin thomiste,* 1924 ff. Informiert über

„thomanische“ und „thomistische“, also Thomas von Aquin betr. bzw. neuthomist./-scholast. Literatur.

EBB *Elenchus bibliographicus biblicus.* Roma, 1920 ff. (seit 1923 selbständig, vorher in der Zeitschrift *Biblica*; enthält auch exegesegeschichtliche, z. B. patrist. Literatur).

IZBG *Internationale Zeitschriftenschau für Bibelwissenschaft und Grenzgebiete.* Düsseldorf : Patmos, 1952 ff.

BPatr *Bibliographia patristica.* Berlin : de Gruyter, 1959 ff. (zur Ergänzung für die ältere Literatur vgl. van Roey, A. ; Driesen, G.: *Bibliographia patristica : Patres latini 1900–1914.* Louvain : Hellenisme en Christendom, 1974).

AnPh *L'année philologique : Bibliographie critique et analytique de l'antiquité chrétienne gréco-latine.* Paris, 1928 ff.

BThAM *Bulletin de théologie ancienne et médiévale.* Louvain, 1929 ff.

IMB *International medieval bibliography.* Leeds : IMB, Maney and son, 1969 ff.

Literaturdokumentation Religionspädagogik. München : Kath. Religionspäd. Dokumentationsstelle 8 (1983) ff. (ab diesem Zeitpunkt in drei Teilen: Religionspäd. Dienst; Theologischer Dienst; Register).

Bibliographia internationalis spiritualitatis. Roma : Teresianum, 1966 ff.

Bibliografía teológica comentada del área iberoamericana. Buenos Aires : Instituto Superior Evangelico de Estudios Teológicos. 1973/74 ff.

RBP *Répertoire bibliographique de la philosophie.* Louvain, 1949 ff.

Philosopher's index. Bowling Green, Ohio : Phil. Documentation Center, 1967 ff. (Über DIALOG elektronisch recherchierbar, vgl. 3.3).

Sondersammelgebiet Philosophie der UB Erlangen–Nürnberg: *Informationsdienst Philosophie.* Erlangen ; Nürnberg : UB, 1984 ff. (Neuerwerbungsliste der Monographien; Zeitschriftenliste; Zeitschrifteninhaltsdienst).

14.5 Personalbibliographie

Vgl. dazu die im Abschnitt 14.3: Biographie, genannten Werke, soweit sie bibliographische Angaben enthalten. Trotz Fehlern und Unvollständigkeit ferner:

> ERBACHER, Hermann: *Personal-Bibliographien aus Theologie und Religionswissenschaft mit ihren Grenzgebieten*. Neustadt a.d.A.: Degener, 1976.

14.6 Enzyklopädien, Lexika

14.6.1 Wichtige Allgemeinenzyklopädien

> *Brockhaus Enzyklopädie in zwanzig Bänden*. Wiesbaden: Brockhaus, [17]1966–74 (dazu Ergänzungsbände; Atlas; dt. Wörterbuch).
>
> *Meyers enzyklopädisches Lexikon*. 25 Bde. Mannheim: Bibliograph. Institut, 1971–79 (dazu Nachträge; Personenreg.; Bildwörterbuch; Dt.Wörterbuch).
>
> *The new encyclopaedia Britannica*. 32 Bde. 15. Aufl., veränd. Nachdruck. London: Enc. Brit. Inc., 1985.

14.6.2 Allgemeine deutschsprachige theologische Enzyklopädien und Lexika

Ältere Werke werden im folgenden nicht aufgeführt; vgl. dazu BÄUMER, Remigius: Lexika, theologische. In: LThK[2] VI, Sp. 998–1001; R.M.: Dictionnaires. In: Cath. III, Sp. 742–746.

TRE — *Theologische Realenzyklopädie* / KRAUSE, Gerhard... (Hrsg.). Berlin: de Gruyter, 1976ff. (auf über 30 Bde. angelegtes, monumentales, interkonfessionelles Werk mit ausführlichen, monographieartigen Darstellungen und Reg. in jedem Bd.; maßgebliches Abkürzungsverzeichnis).

LThK[2] — *Lexikon für Theologie und Kirche* / HÖFER, Josef; RAHNER, Karl (Hrsg.). 10 Bde., Registerbd. Freiburg i.Br.: Herder, [2]1957–67. (katholisches Standardwerk; für die „vorkonziliare" Theologie ist das LThK[1], 1930–38, immer noch wichtig; das LThK[2] wird ergänzt durch:)

LThK.E — *–, Ergänzungsbände : Das Zweite Vatikanische Konzil, Dokumente und Kommentare.* 3 Bde. Ebd. 1966–68.

SM — *Sacramentum mundi : Theologisches Lexikon für die Praxis* / RAHNER, Karl ... (Hrsg). 4 Bde. Freiburg i. Br. : Herder, 1967–69. (stärker übersichtsartig, keine Personenartikel; aus LThK² und SM ist – mit Ergänzungen – kompiliert:)

HTTL — *Herders theologisches Taschenlexikon* / RAHNER, Karl (Hrsg.). 8 Bde. Freiburg i. Br. : Herder, 1972–73 (Herderbücherei 451 F–458 F).

RGG³ — *Die Religion in Geschichte und Gegenwart : Handwörterbuch für Theologie und Religionswissenschaft* / GALLING, Kurt (Hrsg.). 6 Bde., Registerband. Tübingen : Mohr, ³1957–65. (prot. Standardwerk, auch in der 1. [1909–13] und 2. Aufl. [1927–32] historisch bedeutsam).

EKL³ — *Evangelisches Kirchenlexikon : Internationale theologische Enzyklopädie* / FAHLBUSCH, Erwin ... (Hrsg.). Göttingen : Vandenhoeck und Ruprecht, 1985 ff. (auf 4 Bde. und Registerbd. geplante völlige Neubearbeitung des neben RGG anderen, 1956–59, ²1961, 3bdg. mit Registerbd. erschienenen prot. Standardwerks).

TRT⁴ — *Taschenlexikon Religion und Theologie* / FAHLBUSCH, Erwin (Hrsg.). 5 Bde. Göttingen : Vandenhoeck und Ruprecht, ⁴1983.

Theologisches Lexikon / JENSSEN, Hans-Hinrich ... (Hrsg.). Berlin : Union-Verl., 1981.

14.6.3 Allgemeine fremdsprachige theologische Enzyklopädien und Lexika

DThC — *Dictionnaire de théologie catholique* / VACANT, Alfred (Begr.). 30 Bde. 3 Registerbde. Paris : Letouzey, 1903–72. (umfangreichstes vollständig vorliegendes franz. Lexikon; durch den langen Zeitraum auch ein Stück theol. Entwicklung spiegelnd).

Cath. — *Catholicisme : Hier, aujourd'hui, demain* / JACQUEMET, G. (Begr.). Paris : Letouzey, 1947 ff. (9 von ca. 11 Bdn. vorliegend).

NCE — *New Catholic encyclopedia.* 15 Bde. New York : McGraw-Hill, 1967.

ERE	*Encyclopedia of religion and ethics* / HASTINGS, James (Hrsg.). 12 Bde., Registerband. Edinburgh: Clark, 1908–26. - Nachdruck 1966.
ODCC²	*The Oxford dictionary of the Christian Church* / CROSS, Frank L. (Hrsg.). London: Oxford Univ. Pr., 1974.
NICC	*The new international dictionary of the Christian Church* / DOUGLAS, James D. (Hrsg.). Exeter: Paternoster Pr., 1974.
DizEc	*Dizionario ecclesiastico* / MERCATI, Angelo ... (Hrsg.). 3 Bde. Torino: Unione tipogr.-Ed. Torinese, 1953–58.

14.6.4 Bibellexika

BHH	*Biblisch-historisches Handwörterbuch : Landeskunde, Geschichte, Religion, Kultur, Literatur* / REICKE, B.; ROST, L. (Hrsg.). 4 Bde. Göttingen: Vandenhoeck und Ruprecht, 1962–79.
BL³	*Bibel-Lexikon* / HAAG, H. (Hrsg.). Zürich: Benziger ³1982.
BIW	*Die Bibel und ihre Welt : eine Enzyklopädie zur Heiligen Schrift* / CORNFELD, G.... (Hrsg.). 2 Bde. Bergisch Gladbach: Lübbe, 1969. - Auch in sechsbändiger Taschenbuchausgabe: München: dtv, 1972.
BRL²	*Biblisches Reallexikon* / GALLING, K. (Hrsg.). Tübingen: Mohr, 1977 (HAT 1,1).
	Encyclopedia of archaeological excavations in the holy land / AVI-YONAH, M. (Hrsg.). 4 Bde. London: Oxford Univ. Pr., 1975–78.
ThWAT	*Theologisches Wörterbuch zum Alten Testament* / BOTTERWECK, J.; RINGGREN, H. (Hrsg.). Bd. 1– . Stuttgart: Kohlhammer, 1970– . (monumental angelegtes begriffsgeschichtliches Werk).
THAT	*Theologisches Handwörterbuch zum Alten Testament* / JENNI, E; WESTERMANN, C. (Hrsg.). 2 Bde. München: Kaiser; Zürich: TVZ, 1971–76.
ThWNT	*Theologisches Wörterbuch zum Neuen Testament* / KITTEL, G. (Hrsg.). 10 Bde. in 11 Teilbdn. Stuttgart: Kohlhammer, 1933–79. (Vorläufer und Pendant zum ThWAT).
EWNT	*Exegetisches Wörterbuch zum Neuen Testament* / BALZ, H.; SCHNEIDER, G. (Hrsg.). 3 Bde. Stuttgart: Kohlhammer, 1978–83.

TBLNT *Theologisches Begriffslexikon zum Neuen Testament* / Coenen, L.... (Hrsg.). 2 Bde. Wuppertal : Brockhaus, ³1983. (auch ohne Griech.-Kenntnisse lesbar).

Zu weiteren Werken vgl. Schwinge (14.4.1), S. 88 ff; zur ntl. Lexikographie ThWNT X/1, S. 1 ff.

14.6.5 Theologie- und Kirchengeschichte

RAC *Reallexikon für Antike und Christentum* / Klauser, Th. (Hrsg.). Bd. 1– Stuttgart : Hiersemann, 1950– . (monumentales Werk, zu dessen ersten Bänden Ergänzungsartikel im JAC erschienen, jetzt gesammelt, ergänzt und fortgeführt in:)

RAC.S – Supplement. Bd. 1– . Ebd., 1985– .

DPAC *Dizionario patristico e di antichità cristiane* / Di Berardino, Angelo (Hrsg.). Bd. 1– . Casale Monferrato : Marietti, 1983– .

DHGE *Dictionnaire d'histoire et de géographie ecclésiastiques* / Baudrillart, A.... (Hrsg.). Bd. 1– . Paris : Letouzey et Ané, 1912– .

DACL *Dictionnaire d'archéologie chrétienne et de liturgie* / Leclercq, H. (Begr.). 15 Bde. in 30 Halbbdn. Paris : Letouzey et Ané, 1907–53.

Andresen, Carl ; Denzler, Georg: *dtv-Wörterbuch der Kirchengeschichte*. München : dtv, 1982. (Populär).

Kleines Wörterbuch des christlichen Orients / Assfalg, J. (Hrsg.). Wiesbaden : Harrassowitz, 1975.

Lexikon zur Weltmission / Neill, S.... (Hrsg.). Wuppertal: R. Brockhaus, 1975.

Weiteres relevantes Material s. auch in den Werken der Abschnitte 14.6.9 und 14.6.15.

14.6.6 Judentum

EJ *Encyclopaedia Judaica*. 16 Bde. Jerusalem : Enc. Jud., 1971. (umfassend; aktualisiert durch Jahresbde.).

JL *Jüdisches Lexikon* / Herlitz, G.... (Hrsg.). 4 Bde. Berlin, 1927–30. - Reprint: Königstein i. Ts. : Jüd. Verl., 1982.

Weitere Werke bei SHUNAMI, S.: *Bibliography of Jewish bibliographies*. Jerusalem: Magnes, 1965. - Repr. 1969, S. 1–6, und G. SCHWINGE (14.4.1) S. 151.

14.6.7 Kirchen, Konfessionen, Sekten

ÖL *Ökumene-Lexikon* / KRÜGER, H; LÖSER, W. ... (Hrsg.). Frankfurt a. M.: Lembeck; Knecht, 1983.

World Christian encyclopedia : a comparative study of churches and religions in the modern world AD 1900–2000 / BARRETT, David B. (Hrsg.). London: Oxford Univ. Pr., 1982.

J. GRÜNDLER: *Lexikon der christlichen Kirchen und Sekten unter Berücksichtigung der Missionsgesellschaften und zwischenkirchl. Organisationen*. 2 Bde. Wien: Herder, 1961.

R. HAUTH: *Jugendsekten und Psychogruppen von A–Z*. Gütersloh: G. Mohn, 1981 (GüterslohedrTb./Siebenstern 1034). (populär).

14.6.8 Religionen

EncRel(I) *Enciclopedia delle religioni* / GOZZINI, M. (Hrsg.). 6 Bde. Firenze: Valecchi, 1970–76.

BERTHOLET, A.: *Wörterbuch der Religionen* / GOLDAMMER, K. (Bearb.). Stuttgart: Kröner, ^{4}1985.

EI *The encyclopaedia of Islam* / GIBB, H. A. R. ... (Hrsg.). Leiden: Brill, 1954– . (ca. 5 Bde. und Erg.bde. geplant, auch franz. Ausgabe und einbändige *Shorter encyclopedia of Islam*. Ebd. 1965).

B. WALKER: *Hindu world : an encyclopedic survey of Hinduism*. 2 Bde. London: Allen Unwin, 1968.

EncBud *Encyclopaedia of Buddhism* / MALALASEKERA, G. P. (Begr.). Colombo: Govt. Pr., 1964– .

RÄRG H. BONNET: *Reallexikon der ägyptischen Religionsgeschichte*. Berlin: de Gruyter, ^{2}1971.

14.6.9 Mythologie, Volksglauben

LIMC *Lexicon iconographicum mythologiae classicae*. Bd. 1– . Zürich : Artemis, 1981– .

HUNGER, Herbert: *Lexikon der griechischen und römischen Mythologie : mit Hinweisen auf das Fortwirken antiker Stoffe und Motive in der bildenden Kunst, Literatur und Musik des Abendlandes bis zur Gegenwart*. Wien : Hollinek, ^{6}1959. (gekürzter Nachdr. Reinbek : Rowohlt, 1974. 74.–79. Taus. 1985).

TRIPP, Edward: *Reclams Lexikon der antiken Mythologie*. Stuttgart : Reclam, 1974.

ALGM *Ausführliches Lexikon der griechischen und römischen Mythologie* / ROSCHER, W. H. (Hrsg.). 6 Bde., 4 Suppl.-Bde., Nachtr. Leipzig, 1884–1927.

HWDA *Handwörterbuch des deutschen Aberglaubens* / BÄCHTOLD-STÄUBLI, H. (Hrsg.). 10 Bde. Berlin : de Gruyter, 1927–42 (Handwörterbuch zur deutschen Volkskunde, 1. Abtlg.).

14.6.10 Systematische Theologie

HThG *Handbuch theologischer Grundbegriffe* / FRIES, H. (Hrsg.). 2 Bde. München : Kösel, 1962–63. (bibliographisch ergänzt als Taschenbuch:)

HThG.dtv –. 4 Bde.München : dtv (dtv 4055–58).

NHThG *Neues Handbuch theologischer Grundbegriffe* / EICHER, P. (Hrsg.). 4 Bde. München : Kösel, 1984–85.

RAHNER, Karl ; VORGRIMLER, Herbert: *Kleines theologisches Wörterbuch* / FÜSSEL, Kuno (Mitarb.). Freiburg i. Br. : Herder, ^{10}1976 (Herderbücherei 557).

Nuovo dizionario di teologia / BARBAGLIO, G. ... (Hrsg.). Roma : Ed. Paoline, 1977.

A new dictionary of Christian theology / RICHARDSON, A. ... (Hrsg.). London : SCM, 1983.

14.6.11 Moraltheologie

Lexikon der christlichen Moral / HÖRMANN, K. (Hrsg.). Innsbruck : Tyrolia, ^{2}1976.

Wörterbuch christlicher Ethik / STOECKLE, B. (Hrsg.). Freiburg i. Br. : Herder, ^{2}1980 (Herderbücherei 533).

Baker's dictionary of christian ethics / Henry, C. F. H. (Hrsg.). Grand Rapids, Mich. : Baker, 1978.

A dictionary of christian ethics / Macquarrie, J. (Hrsg.). London : SCM, 1967.

Dizionario enciclopedico di teologia morale / Rossi, L.... (Hrsg.). Roma : Paoline, ^{5}1981.

14.6.12 Spiritualität

DSp — *Dictionnaire de spiritualité ascétique et mystique* / Viller, M.... (Begr.). Bd. 1– . Paris : Beauchesne, 1937– . (umfassend angelegtes, auch für Theologiegeschichte bedeutsames Werk; monographische Faszikel daraus mit Einzelthemen im gleichen Verlag).

DIP — *Dizionario degli istituti di perfezione* / Pellicia, G.... (Hrsg.). Bd. 1– . Roma : Paoline, 1974– . (7 von ca. 8 Bdn. erschienen).

Dizionario di spiritualità dei laici / Ancilli, E. (Hrsg.). 2 Bde. Milano : Ed. O. R., 1981.

Nuovo dizionario di spiritualità / De Fiores, S.... (Hrsg.). Roma : Paoline, ^{3}1982.

A dictionary of christian spirituality / Wakefield, G. S. (Hrsg.). London : SCM, 1983.

14.6.13 Liturgie

DACL — siehe 14.6.5.

Adam, Adolf ; Berger, Rupert: *Pastoralliturgisches Handlexikon*. Freiburg i. Br. : Herder, 1980.

Onasch, Konrad: *Liturgie und Kunst der Ostkirche in Stichworten : unter Berücks. der Alten Kirche*. Leipzig : Koehler und Amelang, 1981.

Liturgisch woordenboek / Brinkhoff, L.... (Hrsg.). 2 Bde., Suppl. Roermond : Romen, 1958–70.

Nuovo dizionario di liturgia / Sartore, D.... (Hrsg.). Roma : Paoline, ^{2}1984.

A dictionary of liturgy and worship / Davies, J. G. (Hrsg.). London : SCM, 1972.

14.6.14 Praktische Theologie

HPTh V — *Handbuch der Pastoraltheologie* / ARNOLD, F. X. ... (Hrsg.). Bd. 5. Freiburg i. Br. : Herder, 1972.

PThH² — *Praktisch-theologisches Handbuch* / OTTO, G. (Hrsg.). Hamburg : Furche, ²1975.

Praktisches Wörterbuch der Pastoralanthropologie / GASTAGER, H. (Hrsg.). Wien : Herder, 1975.

Praktisches Wörterbuch der Religionspädagogik und Katechetik / KORHERR, E. J. ... (Hrsg.). Wien : Herder, ²1978.

14.6.15 Geschichte

PRE — *Paulys Realencyclopädie der classischen Alterthumswissenschaft* / WISSOWA, G. (Begr.). 68 Bde., 15 Suppl.-bde., Reg. [jetzt:] München : Druckenmüller, 1894-1976.

Der kleine Pauly / ZIEGLER, K. ... (Hrsg.). 5 Bde. München : Druckenmüller, 1964–75. (auch als Tb. München : dtv, 1979).

LAW — *Lexikon der Alten Welt* / ANDRESEN, C. (Hrsg.). Zürich : Artemis, 1965. (danach das 13-bdge. *dtv-Lexikon der Antike*. München : dtv, 1966-71).

Clavis mediaevalis : Kleines Wörterbuch der Mittelalterforschung / KLAUSER, R. ... (Hrsg.). Wiesbaden : Harrassowitz, 1962. – Nachdruck 1966.

Lexikon des Mittelalters. Bd. 1– . München : Artemis, 1977. (auf 6 Bde. geplant).

Wörterbuch zur Geschichte / BAYER, E. (Hrsg.). Stuttgart : Kröner, ⁴1980.

HABERKERN, E. ; WALLACH, J. F.: *Hilfswörterbuch für Historiker : Mittelalter und Neuzeit*. 2 Bde. München : Francke, ⁴1974 (UTB 119/120).

FUCHS, K. ; RAAB, H.: *dtv-Wörterbuch zur Geschichte*. 2 Bde. München : dtv, 1972 (dtv 3036/37).

RLV — *Reallexikon der Vorgeschichte* / EBERT, M. (Hrsg.). 15 Bde. Berlin : de Gruyter, 1924–32.

RGA² — *Reallexikon der germanischen Altertumskunde* / HOOPS, J. (Begr.) ; BECK, H. ... (Hrsg.). Bd. 1– . Berlin : de Gruyter, 1973– .

Reallexikon der Byzantinistik / WIRTH, P. (Hrsg). . 1– Amsterdam : Hakkert, 1968– .

Reallexikon der Assyrologie / EBELING, E. ... (Hrsg.). Bd. 1– . Berlin : de Gruyter, 1932– .

Lexikon der Ägyptologie / HELCK, W. ... (Hrsg.). Bd. 1– . Wiesbaden : Harrassowitz, 1972– .

Kleines Wörterbuch der Ägyptologie / HELCK, W. ... (Hrsg.). Wiesbaden : Harrassowitz, ²1970.

Kleines Wörterbuch der Japanologie / LEWIN, B. (Hrsg.). Wiesbaden : Harrassowitz, 1968.

Lexikon der islamischen Welt / KREISER, K. ... (Hrsg.). 3 Bde. Stuttgart : Kohlhammer, 1975 (Urban-Tb. 200).

Vgl. auch 14.6.5 und 14.6.8.

14.6.16 Philosophie

Enzyklopädie Philosophie und Wissenschaftstheorie / MITTELSTRASS, J. (Hrsg.). Mannheim : Bibliogr. Inst., 1980– . (2 von 3 Bdn. erschienen).

HWP *Historisches Wörterbuch der Philosophie* / RITTER, J. (Begr.). Bd. 1– . Darmstadt : Wiss. Buchgesellschaft, 1971– . (6 von ca. 8 Bdn. erschienen).

HPhG *Handbuch philosophischer Grundbegriffe* / KRINGS, H. ... (Hrsg.). 3 Bde. München : Kösel, 1973/74. (auch 6bdge. Studienausg. mit gleicher Paginierung).

Philosophisches Wörterbuch / BRUGGER, W. (Hrsg.). Freiburg i. Br. : Herder, ¹⁷1985. (textl. ident. mit ¹⁴1976).

Philosophisches Wörterbuch / SCHMIDT, H. (Begr.). Stuttgart : Kröner, ²¹1982.

Kleines philosophisches Wörterbuch / MÜLLER, Max (Hrsg.). Freiburg i. Br. : Herder, 1971 (Herderbücherei 398).

Handbuch wissenschaftstheoretischer Grundbegriffe / SPECK, J. (Hrsg.). 3 Bde. Göttingen : Vandenhoeck und Ruprecht, 1980 (UTB 966–968).

Marxistisch-leninistisches Wörterbuch der Philosophie / KLAUS, G. ... (Hrsg.). 3 Bde. Neubearb. u. erw. Aufl. Reinbek : Rowohlt, 1978.

Lexikon der Ethik / HÖFFE, O. (Hrsg.). München : Beck, 1977.

The encyclopedia of philosophy / Edwards, P. (Hrsg.). 8 Bde. New York : Macmillan, 1967. - Popular ed. 4 Bde. 1973.

EF^{2} *Enciclopedia filosofica* / Centro di studi filosofici Gallarate (Hrsg.). 6 Bde. Firenze : Sansoni, 1968–69. (internat. das führende Werk; bibliograph. überarb. in: *Dss*. Ristampa aggior. della 2 ed. o. O. : Lucarini, 1982.

Vocabulaire technique et critique de la philosophie / Lalande, A. (Hrsg.). Paris : P. U. F., ^{11}1972.

14.6.17 Gesellschaft, Staat, Recht, Kirchenrecht

GGB *Geschichtliche Grundbegriffe : historisches Lexikon zur politisch-sozialen Sprache in Deutschland* / Brunner, O.... (Hrsg.). Bd. 1–. Stuttgart : Klett, 1972–. (5 von 6 Bdn. erschienen).

StL^{6} *Staatslexikon* / Görres-Gesellschaft (Hrsg.). 8 Bde., 3 Erg.bde. Freiburg i. Br. : Herder, 1957–70. (7., völlig neubearb. Aufl. 1985– angekündigt).

EStL^{2} *Evangelisches Staatslexikon* / Kunst, H.... (Hrsg.). Stuttgart : Kreuz, ^{2}1975.

ESL^{7} *Evangelisches Soziallexikon* / Karrenberg, F. (Begr.) ; Schober, Th.... (Hrsg.). Stuttgart : Kreuz, ^{7}1980.

Katholisches Soziallexikon / Klose, A.... (Hrsg.). Innsbruck : Tyrolia, ^{2}1980.

Handwörterbuch der Sozialwissenschaften. 12 Bde., Reg.bd. Stuttgart : G. Fischer, 1956–68.

Handlexikon zur Politikwissenschaft / Görlitz, A. (Hrsg.). München : Ehrenwirth, ^{2}1972. (Taschenbuchausgabe in 2 Bdn. Reinbek : Rowohlt, 1973 [rororo 6169/70]),

DDC *Dictionnaire de droit canonique* / Naz, R. (Hrsg.). 7 Bde. Paris : Letouzey, 1935–65.

Dictionarium morale et canonicum / Palazzini, P. (Hrsg.). 4 Bde. Romae : Off. libri cath., 1962–68.

Handlexikon zur Rechtswissenschaft / Görlitz, A. (Hrsg.). München : Ehrenwirth, 1972. (Tb.ausg. 2 Bde. Reinbek : Rowohlt, 1974 [rororo 6179/80]).

Handwörterbuch zur deutschen Rechtsgeschichte / Erler, A.... (Hrsg.). Bd. 1–. Berlin : E. Schmidt, 1971–. (3 von 4 Bdn. erschienen).

14.6.18 Psychologie, Pädagogik

Lexikon der Psychologie / Arnold, W. ... (Hrsg.). 3 Bde. Neuausg. Freiburg i. Br. : Herder, 1980. (Ausgabe 1971/72 auch als Taschenbuch. 6 Bde. Ebd., 1976 [Herderbücherei 581–586]).

Dorsch, F.: *Psychologisches Wörterbuch*. Bern : Huber, ^{10}1982.

Laplanche, J. ; Pontalis, J.-B.: *Das Vokabular der Psychoanalyse*. Frankfurt a. M. : Suhrkamp, 1972.

Bonin, W.: *Lexikon der Parapsychologie*. München : Scherz ; Darmstadt : Wiss. Buchgesellschaft, 1976.

Lexikon der Pädagogik / Rombach, H. (Hrsg.). 4 Bde. Freiburg i. Br. : Herder, 1970–71.

Handbuch pädagogischer Grundbegriffe / Speck, J. ... (Hrsg.). 2 Bde. München : Kösel, 1970.

Neues pädagogisches Lexikon / Groothoff, H. H. ... (Hrsg.). Stuttgart : Kreuz, ^{5}1971.

Handlexikon zur Erziehungswissenschaft / Roth, L. (Hrsg.). München : Ehrenwirth, 1976. (auch als 2bdge. Tb.ausg. Reinbek : Rowohlt, 1980 [rororo 6263/64]).

Enzyklopädisches Handbuch der Sonderpädagogik und ihrer Grenzgebiete / Heese, G. ... (Hrsg.). 3 Bde. Berlin : Marhold, ^{3}1969.

14.6.19 Musik, Kunst

Zur Biographie der Künstler und Musiker vgl. 14.3.4; zur antiken Ikonographie 14.6.9: LIMC.

MGG *Die Musik in Geschichte und Gegenwart* / Blume, F. (Hrsg.). 16 Bde. Kassel : Bärenreiter, 1949–79. (Reg.bd. angekündigt).

The new Grove dicitionary of music and musicians / Sadie, S. (Hrsg.). 20 Bde. London : Macmillan, 1980.

Lexikon der Kunst / Alscher, L. ... (Hrsg.). 5 Bde. Nachdr. Berlin : Das Europ. Buch, 1981.

RDK *Reallexikon zur deutschen Kunstgeschichte* / Schmitt, O. (Begr.). Bd. 1– . Stuttgart ; [jetzt:] München : Druckenmüller, 1937–. (monumental, aber sehr langsame Erscheinungsweise).

RBK — *Reallexikon zur byzantinischen Kunst* / WESSEL, K. (Hrsg.). Bd. 1– . Stuttgart : Hiersemann, 1966– . (4 von ca. 8 Bdn. erschienen).

LCI — *Lexikon der christlichen Ikonographie* / KIRSCHBAUM, E. (Begr.). 8 Bde. Freiburg i. Br. : Herder, 1968–76. (4 Bde. allg. christl. Ikonographie, 4 Bde. Ikonographie der Heiligen).

14.6.20 Literatur, Sprachwissenschaft

Zur Schriftstellerbiographie vgl. 14.3.4.

KLL — *Kindlers Literatur-Lexikon.* 7 Bde., Erg.bd. Zürich : Kindler, 1965–74. (auch in verschiedenen Sonderausgaben, z. B. 6 Bde. Köln : Lingen, o. J. [um 1979], und in 25bdgr. Taschenbuchausg. München : dtv, 1974 [dtv 3141–65] erschienen).

RDL² — *Reallexikon der deutschen Literaturgeschichte* / MERKER, P. ; STAMMLER, W. (Begr.). 4 Bde. Berlin : de Gruyter, ²1958–84.

LWL — *Lexikon der Weltliteratur im 20. Jahrhundert.* 2 Bde. Freiburg i. Br. : Herder, 1960–61.

KRANZ, Gisbert: *Lexikon der christlichen Weltliteratur.* Freiburg i. Br. : Herder, 1978.

Handlexikon zur Literaturwissenschaft / KRYWALSKI, D. (Hrsg.). München : Ehrenwirth, 1974. (auch als Tb.ausg. in 2 Bdn. Reinbek : Rowohlt, 1978 [rororo 6221/22]).

LEWANDOWSKI, Th.: *Linguistisches Wörterbuch.* 3 Bde. Heidelberg : Quelle u. Meyer, ⁴1984 (UTB 200 f.; 300).

14.6.21 Hilfswörterbücher zur Theologie allgemein

Sprachwörterbücher zu den biblischen und kirchl.-theol. relevanten Sprachen vgl. bei den einzelnen Fächern 14.8.

HAUCK, Friedrich ; SCHWINGE, Gerhard: *Theologisches Fach- und Fremdwörterbuch : mit e. Verz. von Abkürzungen aus Theologie und Kirche.* Göttingen : Vandenhoeck und Ruprecht, ⁵1982. (nicht mit der ebenfalls als 5. Aufl. bezeichneten früheren Ausg. von F. HAUCK ; E. HERDIECKERHOFF zu verwechseln).

Ökumenisches Verzeichnis der biblischen Eigennamen nach den Loccumer Richtlinien / Katholische Bischöfe Deutschlands; Rat der EKD... (Hrsg.). Stuttgart: Dt. Bibelges., ²1981. (verbindliche Transkriptionsliste bibl. Eigennamen, Maße, Gewichte usw.)

Ökumenische Terminologie. Geneva: World Council of Churches, 1975. – Suppl. 1983. (viersprachig).

14.7 Quelleneditionen

Dieser Abschnitt kann nur ganz grundlegende Informationen bieten. In Fachhandbüchern, Lexika, Repertorien, „Claves" (z.B. 14.8.3) kann man weitere maßgebliche Editionen ermitteln. Praktische Quellenanthologien, die auf die Arbeit in einem bestimmten Fach ausgerichtet sind (Enchiridia o.ä.) werden 14.8 ggf. genannt.

14.7.1 Heilige Schrift und Apokryphen

BHS *Biblia hebraica Stuttgartensia* / Elliger, K. ... (Ed.). Ed. minor. Stuttgart: Dt. Bibelges., ²1984. (auch in Einzelfaszikeln lfb. Vgl. zur BHS: Wonneberger, Reinhard: *Leitfaden zur BHS*. Göttingen: Vandenhoeck und Ruprecht, 1984).

Septuaginta / Rahlfs, A. (Ed.). Ed. minor. Stuttgart: Dt. Bibelstiftung, o.J. [um 1979]. (praktische Handausgabe der 2bdgn. Edition, ebd. ⁸1965).

Biblia sacra iuxta Vulgatam versionem / Weber, R.... (Hrsg.). Ed. minor. Stuttgart: Dt. Bibelges., ³1984.

Nova Vulgata: Bibliorum sacrorum editio. Vatican: Libr. ed. Vaticana, 1979. (offizielle kath. Textausgabe ohne krit. Apparat).

Novum Testamentum graece / Nestle-Aland; Aland, Kurt (Ed.). Stuttgart: Dt. Bibelstiftung, ²⁶1979. (ab 26. Aufl. völlig neu bearb.; Standardausgabe; auch in mehrsprachigen Versionen, u.a. mit dem parallelen Text der Nova Vulgata, lfb. – Vgl.: Aland, Kurt; Aland, Barbara: *Der Text des NTs*. Stuttgart: Dt. Bibelges., 1982).

Aus dem übergroßen Angebot an *Bibelübersetzungen* ermittle man die jeweils lfb. Ausgaben in den Buchhandelsverzeichnissen (14.4.1). Die kirchenamtl. Übersetzung ist katholischerseits die *Einheitsübersetzung,* die in vielen Ausgaben, z. B. auch als Loseblattausg., vorliegt und 1985 auch mit dem neubearbeiteten Kommentar der Jerusalemer Bibel (Freiburg i. Br. : Herder) erscheint und sich in dieser Version als Leseausgabe empfiehlt; NT, Psalmen und altkirchl. Perikopen sind auch evangelischerseits approbiert und für ökumen. Veranstaltungen empfohlen; die ganze Übers. ist ökumen. erarbeitet. Verbindliche Textausgaben im evangelischen Bereich sind die *Luther-Bibel,* deren letzte Revision (leider teilweise mit traditionalistischen Abweichungen der Namensschreibweisen von der wissenschaftl. Transkription) seit 1984 vorliegt, sowie die *Zürcher Bibel.* Für verschiedene Zwecke gibt es sehr viele weitere u. U. geeignetere Übersetzungen, von Martin BUBERS und Franz ROSENZWEIGS sprachkräftiger Eindeutschung der hebr. Bibel über die alltagssprachliche *Gute Nachricht* bis zu Jörg ZINKS quasi-kommentierenden Ausgaben oder Ulrich WILCKENS kommentierter NT-Übersetzung.

Zum *altorientalischen, jüdisch-hellenistischen, apokryphen Schrifttum* vgl.:

Die Apokryphen und Pseudepigraphen des Alten Testaments / KAUTSCH, E. (Hrsg.). Tübingen, 1900 u. ö.

Altjüdisches Schrifttum außerhalb der Bibel / RIESSLER, P. (Hrsg.). Augsburg : Filser, 1928 u. ö.

Altorientalische Texte zum Alten Testament / GRESSMANN, H. (Hrsg.). Nachdr. der 2. Aufl. Berlin : de Gruyter, 1970.

Jüdische Schriften aus hellenistisch-römischer Zeit / KÜMMEL, W. G. (Hrsg.). Gütersloh : Mohn, 1973– .

Neutestamentliche Apokryphen in deutscher Übersetzung / HENNECKE, E. ; SCHNEEMELCHER, W. (Hrsg.). 2 Bde. Tübingen : Mohr, ^{4}1968–71.

Die Texte aus Qumran : hebr./dt. / LOHSE, Eduard (Hrsg.) München : Kösel ; Darmstadt : Wiss. Buchges., ^{2}1971.

MAIER, J.; SCHUBERT, K.: *Die Qumran-Essener : Texte der Schriftrollen und Lebensbild der Gemeinde.* München : Reinhardt, 1973 (UTB 224).

14.7.2 Patristik und mittelalterliche Theologie

PG	*Patrologiae cursus completus : series graeca* / MIGNE, J.-P. (Hrsg.). 161 Bde. Paris, 1857–1866. - jetzt Nachdrucke Turnhout : Brepols. (mit lat. Übers.; reicht bis zum Florenzer Konzil, 1438–39; dazu Index: Th. HOPFNER: *Migne, Patrologiae cursus completus, series graeca, index locupletissimus.* Paris 1928–45).
PL	*Patrologiae cursus completus : series latina* / MIGNE, J.-P. (Hrsg.). 221 Bde. Paris, 1844–55. - Nachdrucke Turnhout : Brepols. (reicht bis Innozenz III., 1216; 4 Bde. Indices; für krit. Benutzung vgl. P. GLORIEUX: *Pour revaloriser Migne : Tables rectificatives.* Lille : Fac. cathol., 1952; formale und sachliche Erschließung durch einen Katalog in Karteiform der Theol. Fakultät Tilburg, der durch den Verlag Brepols vertrieben wird und in theol. Fachbibliotheken vorhanden sein sollte: *Cartotheca patrologiae latinae*).
PLS	*Patrologiae latinae supplementum* / HAMMAN, A. (Hrsg.). 5 Bde. Paris : Garnier ; [jetzt:] Turnhout : Brepols, 1958–74.
PO	*Patrologia orientalis* / GRAFFIN, R.... (Hrsg.). Paris, 1907– .
GCS	*Die griechischen christlichen Schriftsteller der ersten drei Jahrhunderte* / PREUSS. AKADEMIE DER WISS. (HRSG.). Berlin, 1907– .
CSEL	*Corpus scriptorum ecclesiasticorum latinorum* / WIENER AKADEMIE ... (Hrsg.). Wien, 1866–.
CSCO	*Corpus scriptorum christianorum orientalium* / CHABOT, J.B.... (Hrsg.). Paris, 1903– .
MGH.AA	*Monumenta Germaniae historica : auctores antiquissimi.* 15 Bde. Berlin, 1877–1919. (spätere lat. Schriftsteller d. christl. Altertums bis zum MA; in den anderen Reihen der MGH weiteres Quellenmaterial zur Kirchengeschichte).
SC	*Sources chrétiennes* / LUBAC, H. DE... (Hrsg.). Paris : Cerf, 1941– . (mit franz. Übers.).

Eine monumentale kritische Edition der gesamten christlichen Literatur bis zum Mittelalter in verschiedenen Reihen stellt dar:

CChr	*Corpus Christianorum seu nova Patrum collectio.* Turnholti : Brepols, 1953– .
CChr.SL	– *Series latina*
CChr.SG	– *Series graeca*
CChr.CM	– *Continuatio mediaevalis*
CChr.SA	– *Series apocryphorum*
CChr.ILL	– *Instrumenta lexicologica latina* (Konkordanzen auf Microfiches zu CChr.SL und CChr.CM).

Die Handbücher der Patrologie und die „Claves" CPG und CPL (14.8.3) verhelfen zur Auffindung der besten Ausgaben.

Die großen mittelalterlichen Autoren werden – abgesehen von den alten Ausgaben in PL und einigen kritischen Editionen in CChr.CM (z. B. Raimundus Lullus) – in großen kritischen Einzelausgaben ediert, vgl. dazu die einschlägigen lexikalischen Werke und das Verzeichnis bei Geldsetzer (14.8.18). Für die großen Theologen der Hochscholastik vgl.:

Albertus magnus: *Opera omnia* / Institutum Alberti Magni Coloniense (Hrsg.). Münster : Aschendorff, 1951– .

Thomas de Aquino: *Opera omnia : iussu Leonis XIII P. M. edita.* Romae, 1882– . (sog. „Editio Leonina"; danach prakt. Handausgaben im Turiner Verlag Marietti).

Bonaventura: *Opera omnia* / Coll. a. s. Bonaventura (Hrsg.). 11 Bde. Quaracchi : Coll. S. Bonav., 1882–1902.

Ioannes Duns Scotus: *Opera omnia* / Commissio Scotistica (Hrsg.). Civitas Vaticana : Typis polygl. Vat., 1950–.

Für die vielen Übersetzungen ist auf Bibliotheks- und Buchhandelskataloge sowie auf die im folgenden genannten Reihen hinzuweisen. Eigens erwähnt sei jedoch, daß die Werke des hl. Augustinus z. T. in dt. Übers. von C. J. Perl in Paderborn bei Schöningh, weitere Editionen in Würzburg im Augustinus-Verl., sowie lat./franz. Ausgaben in der *Biblio-*

thèque Augustinienne des belg.-franz. Verlags Desclée erscheinen. Neben Einzelübersetzungen der Werke des hl. THOMAS VON AQUIN (vgl. z. B. den Katalog der Wiss. Buchges.) erscheint seit 1934 die *Deutsche Thomas-Ausgabe* (jetzt Graz : Styria), die eine zweisprachige kommentierte Ausgabe der *Summa theologiae* sowie einführende Arbeiten enthält. – Besonders wichtig sind die beiden folgenden Sammlungen von Kirchenväter-Übersetzungen:

BKV *Bibliothek der Kirchenväter* / BARDENHEWER, O. ... (Hrsg.). 61 Bde., 2 Reg.bde. Kempten : Kösel, 1911–31. - *Dss.* 2. Reihe, 20 Bde. Ebd. 1932–30. (im Münchener Kösel-Verlag erscheinen derzeit div. Einzelausgaben in Neubearb.).

BGrL *Bibliothek der griechischen Literatur* / WIRTH, P. ... (Hrsg.). Stuttgart : Hiersemann, 1971– .

14.7.3 Konzilien

Zur Übersicht vgl. R. BÄUMER: Konziliensammlungen. In: LThK² VI, Sp. 534–536.

COD³ *Conciliorum oecumenicorum decreta* / ALBERIGO, J. ... (HRSG.). Bologna, ³1973. (prakt. Ausgabe der originalsprachl. Texte, ab 3. Aufl. einschl. Vaticanum II).

Kleines Konzilskompendium: Sämtl. Texte des Zweiten Vatikanums / RAHNER, Karl ... (Bearb.). Freiburg i. Br. : Herder, ¹⁶1982 (Herderbücherei 270). (Prakt. Handausgabe der offiziellen Übers.).

Mansi *Sacrorum conciliorum nova et amplissima collectio* / MANSI, G. D. ... (Hrsg.). 53 Bde. Nachdr. Graz: Akadem. Verl.anst., 1960–62. (umfassendste, aber nicht krit. edierte Sammlung).

Kritische Ausgaben:

Bibliothek der Symbole und Glaubensregeln der Alten Kirche / HAHN, A. ; HAHN, G. L. (Hrsg.). Nachdruck. Hildesheim : Olms, 1962. (enthält die Symbole der ersten beiden Konzilien).

ACO *Acta conciliorum oecumenicorum* / SCHWARTZ, E. ... (Hrsg.). Straßburg ; [jetzt:] Berlin : de Gruyter, 1914– .

	(enthält die Dekrete und Akten des 3.–5. Oekumen. Konzils nebst Registern und soll bis zum 8. fortges. werden, ab 1984 erscheint die Series II, beginnend mit der Lateransynode 649).
ACCon	*Acta concilii Constanciensis* / FINCKE, H.... (Hrsg.). 4 Bde. Münster, 1896–1928.
ConBas	*Concilium Basiliense* / HALLER, J.... (Hrsg.). 8 Bde. Basel, 1896–1936.
CFl	*Concilium Florentinum.* Roma, 1940– .
CT	*Concilium Tridentinum* / SOCIETAS GOERRESIANA (Hrsg.). Freiburg i. Br. : Herder, 1901– .
ADSCR	*Acta et decreta sacrorum conciliorum recentiorum : collectio Lacensis* / SCHNEEMANN, G. ; GRANDERATH, Th. (Hrsg.). 7 Bde. Freiburg i. Br. : Herder, 1870-90. (heranzuziehen für das Vaticanum I und zahlreiche Texte von Provinzialkonzilien, die sich nicht bei Mansi finden).
ASCOV	*Acta synodalia sacrosancti conilii oecumenici Vaticani II.* 5 Teile in 26 Bdn. Vatikan : Typis polyglottis Vaticanis, 1970–80.

14.7.4 Reformation und katholische Reform

WA	LUTHER, Martin: *Kritische Gesamtausgabe.* Weimar: Böhlau, 1883–1983. (Nachdrucke ebd.; folgende Nebenreihen:)
WA.B	– *Briefwechsel*
WA.DB	– *Deutsche Bibel*
WA.TR	– *Tischreden*
CR	*Corpus reformatorum* / BRETSCHNEIDER, C. G. ... (Hrsg.). Braunschweig, 1834– . (enthält die Werke MELANCHTHONS, Bd. 1–28; CALVINS, Bd. 29-87 und ZWINGLIS, Bd. 88 ff., die noch in Zürich : TVZ z. T. erscheinen).

Die zahlreichen Werk-, Hand-, Studien-, Übersetzungsausgaben nennen die Buchhandelsverzeichnisse (14.4.1), biograph. Artikel der Enzyklopädien, Handbücher der Kirchengeschichte usw. – Die evangelischen Bekenntnisschriften liegen u. a. in folgenden Ausgaben vor:

BSLK	*Die Bekenntnisschriften der evangelisch-lutherischen Kirche.* Göttingen : Vandenhoeck und Ruprecht, ^{9}1982.

BSRK *Die Bekenntnisschriften der reformierten Kirche* / MÜLLER, E. F. K. (Hrsg.). Leipzig, 1903.

BSKORK *Bekenntnisschriften und Kirchenordnungen der nach Gottes Wort reformierten Kirche* / NIESEL, W. (Hrsg.). Zürich, ^{3}1948.

Zur katholischen Reform vgl.:

CCath *Corpus catholicorum : Werke katholischer Schriftsteller im Zeitalter der Glaubensspaltung*. Münster: Aschendorff, 1919– .

14.7.5 Kirchliche Verlautbarungen der Gegenwart

Hierzu sind die offiziellen Organe der jeweiligen kirchlichen Institutionen heranzuziehen: AAS, Amtsblätter der Diözesen und Landeskirchen etc. Für die katholische Kirche nach dem Vaticanum II:

NKD *Nachkonziliare Dokumentation*. Trier: Paulinus, 1967–77. (Quellentexte mit Übers. und Komm.; Bd. 58: Index).

Das Sekretariat der Deutschen Bischofskonferenz, Kaiserstr. 163, 5300 Bonn, gibt jetzt folgende Schriftenreihen heraus, die entsprechende Dokumente enthalten: 1. *Hirtenschreiben der Deutschen Bischöfe;* 2. *Verlautbarungen des Apostolischen Stuhls;* 3. *Stimmen der Weltkirche;* 4. *Der Vorsitzende der Deutschen Bischofskonferenz;* 5. *Arbeitshilfen.*

Für die EKD vgl. die Sammlung:

Die Denkschriften der Evangelischen Kirche in Deutschland / KIRCHENKANZLEI DER EKD (Hrsg.). 3 Bde. in 4 Teilbdn. Gütersloh : Mohn, 1978–81 (GTB Siebenstern 413–16).

Zu den Verlautbarungen des Weltkirchenrats vgl.:

BENT, A.J. v. D.; BEFFA, P.: *Index der offiziellen Erklärungen des Oekumenischen Rates der Kirchen*. Geneva : World Council of Churches, 1968.

14.8. Handbücher und Hilfsmittel einzelner theologischer Fächer

Folgende Lehrbuchreihen zu allen theologischen Fächern, werden im folgenden nur noch ausnahmsweise genannt:

ThW *Theologische Wissenschaft.* Stuttgart: Kohlhammer, 1972–.

Leitfaden Theologie. Düsseldorf: Patmos, 1981–.

14.8.1 Bibelwissenschaft

Die Quelleneditionen sind 14.7.1 genannt. Von den periodischen Bibliographien sind EBB, IZBG von größter Bedeutung. Zu abgeschlossenen und Spezialbibliographien vgl. die Einleitungen. Die Zahl spezieller Fachzeitschriften ist groß (BZ, Biblica, ZAW, ZNW usw.). In Abstractform informieren OTAb, NTAb. Im vollen Umfang unterrichten die Einleitungen auch über die vielen Hilfsmittel, Kommentarreihen (BK, HAT, ATD, HThK, KEK, ThHK, HNT, NTD, RNT, EKK, Die neue Echter-Bibel, Ökumen. Taschenbuch-Komm. zum NT usw.). Vgl. bes.:

KAISER, Otto: *Einleitung in das Alte Testament.* Gütersloh: Gütersloher Verl.haus, [5]1984.

FOHRER, Georg: *Einleitung in das Alte Testament* / SELLIN, Ernst (Begr.). Heidelberg: Quelle und Meyer, [12]1979.

SCHMIDT, Werner H.: *Einführung in das Alte Testament.* Berlin: de Gruyter, [3]1985.

KÜMMEL, Werner G.: *Einleitung in das Neue Testament.* Heidelberg: Quelle und Meyer, [21]1983.

SCHMID, Josef; WIKENHAUSER, Alfred: *Einleitung in das Neue Testament.* Freiburg i. Br.: Herder, [6]1973.

ROST, Leonhard: *Einleitung in die alttestamentlichen Apokryphen und Pseudepigraphen einschließlich der großen Qumran-Handschriften.* Heidelberg: Quelle und Meyer, [3]1985.

Hilfsmittel zum Studium des Bibeltextes:

Lisowsky, Gerhard: *Handkonkordanz zum Hebräischen Alten Testament* / Rost, Leonhard (Mitarb.). Stuttgart : Württ. Bibelanst., 1958.

Hatch, Edwin ; Redpath, Adeney: *A concordance to the Septuagint*. 2 Bde. Nachdr. Graz : Akad. Verl.anst., 1954.

Fischer, Bonifatius: *Novae concordantiae Bibliorum Sacrorum iuxta Vulgatam versionem critice editam*. 5 Bde. Stuttgart : Fromann, 1977.

Vollständige Konkordanz zum griechischen Neuen Testament / Aland, Kurt... (Hrsg.). 3 Bde. Berlin : de Gruyter, 1975–83.

Schmoller, Alfred: *Handkonkordanz zum griechischen Neuen Testament*. Stuttgart : Württembergische Bibelanstalt, [14]1968.

Schierse, Franz J.: *Konkordanz zur Einheitsübersetzung der Bibel*. Düsseldorf : Patmos; Stuttgart: Kath. Bibelwerk, 1985.

Synopsis quattuor evangeliorum / Aland, Kurt (Hrsg.). Stuttgart : Dt. Bibelges., [9]1976.

Synopse der drei ersten Evangelien mit Beigabe der johanneischen Parallelstellen / Huck, Albert ; Greeven, Heinrich. Tübingen : Mohr, [13]1981.

Synoptisches Arbeitsbuch zu den Evangelien : die vollständigen Synopsen... / Pesch, Rudolf... (Bearb. u. Übers.). 5 Bde. Zürich : Benziger ; Gütersloh : Gütersl. Verlagshaus, 1980–81.

Preisker, Carl H.: *Evangelien-Synopse der Einheitsübersetzung*. Stuttgart : Kath. Bibelwerk, 1983.

Gesenius, W.: *Hebräisches und aramäisches Handwörterbuch über das Alte Testament* / Buhl, F. (Bearb.). Nachdr. d. 17. Aufl. Berlin : Springer, 1962.

Koehler, Ludwig ; Baumgartner, Walter: *Lexicon in Veteris Testamenti libros*. 2 Bde. Leiden : Brill, 1953–58.

Davidson, Benjamin: *The analytical Hebrew and Chaldee lexicon*. Grand Rapids : Zondervan, [15]1982.

Fohrer, Georg...: *Hebräisches und aramäisches Wörterbuch zum Alten Testament*. Berlin : de Gruyter, 1971.

EDEL, R. F.: *Hebräisch-deutsche Präparationen zu Genesis*... [in Einzelheften zu den Schriften des AT]. Marburg: R. F. Edel, ... (Sprachliche Hilfen zur Bibel im Urtext).

BAUER, Walter: *Griechisch-deutsches Wörterbuch zu den Schriften des Neuen Testaments und der übrigen urchristlichen Literatur*. Berlin: Töpelmann, ^{5}1957.

PREUSCHEN, Erwin: *Griechisch-deutsches Taschenwörterbuch zum Neuen Testament*. Berlin: de Gruyter, ^{6}1976.

RIENECKER, Fritz: *Sprachlicher Schlüssel zum griechischen NT*... Gießen: Brunnen-Verl., ^{17}1984. (praktische Lesehilfe).

ZERWICK, Max; GROSVENOR, Mary: *A grammatical analysis of the Greek New Testament*. Rev. ed. in 1 vol. Romae: Biblical Inst. Pr., 1981.

Zur Geschichte Israels in biblischer Zeit und zur ntl. Zeitgeschichte vgl.:

NOTH, Martin: *Geschichte Israels*. Göttingen: Vandenhoeck und Ruprecht, ^{9}1981.

HERRMANN, Siegfried: *Geschichte Israels in alttestamentlicher Zeit*. München: Kaiser, ^{2}1980.

REICKE, B.: *Neutestamentliche Zeitgeschichte*. Berlin: de Gruyter, ^{3}1982.

Aus dem reichhaltigen Angebot der *Theologien des Alten und Neuen Testaments* können hier nur einige repräsentative genannt werden. Zu Methodologie und Geschichte atl. Theologie vgl. HAYES, John H.; PRUSSNER, Frederick C.: *Old Testament theology: its history and development*. Atlanta: Knox, 1985; ferner: KRAUS, Hans-J.: *Die Biblische Theologie*. Neukirchen: Neuk. Verl., 1970.

EICHRODT, Walter: *Theologie des Alten Testaments*. 2 Bde. Göttingen: Vandenhoeck und Ruprecht; Stuttgart: Klotz, ^{8}1968 und ^{6}1967.

RAD, Gerhard von: *Theologie des Alten Testaments*. 2 Bde. München: Kaiser, ^{8}1982 und ^{7}1980.

SCHMIDT, Werner H.: *Alttestamentlicher Glaube in seiner Geschichte*. Neukirchen: Neuk.Verl., ^{4}1982.

Bultmann, Rudolf: *Theologie des Neuen Testaments* / Merk, Otto (Hrsg.). Tübingen: Mohr, [8]1980.

Goppelt, Leonhard: *Theologie des Neuen Testaments* / Roloff, Jürgen (Hrsg.). 2 Bde. Göttingen: Vandenhoeck und Ruprecht, 1975–76.

Conzelman Hans: *Grundriß der Theologie des Neuen Testaments*. München: Kaiser, [3]1976.

Zur Geschichte der historisch-kritischen Exegese:

Kraus, Hans-J.: *Geschichte der historisch-kritischen Erforschung des Alten Testaments*. Neukirchen: Neuk. Verl., [3]1982.

Kümmel, Werner G.: *Das Neue Testament : Geschichte der Erforschung seiner Probleme*. Freiburg i. Br.: Alber, [2]1970 (Orbis academicus 3,3).

Zur *Methodenlehre* gibt es in diesem Fach eine sehr umfangreiche und qualifizierte Literatur; Beispiele:

Exegese des Alten Testaments : Einführung in die Methodik / Fohrer, Georg... Heidelberg: Quelle und Meyer, [4]1983 (UTB 267).

Barth, Hermann; Steck, Odil H.: *Exegese des Alten Testaments : Leitfaden der Methodik*. Neukirchen: Neuk. Verl., [10]1984.

Zimmermann, Heinrich: *Neutestamentliche Methodenlehre: Darstellung der hist. krit. Methode* / Kliesch, Klaus (Hrsg.). Stuttgart: Kath. Bibelwerk, [7]1982.

Conzelmann, Hans; Lindemann, Andreas: *Arbeitsbuch zum Neuen Testament*. Tübingen: Mohr, [7]1983 (UTB 52).

14.8.2 Kirchengeschichte

Von den laufenden theologischen Fachbibliographien ist zur gesamten Kirchengeschichte bes. diejenige der RHE (14.4.2) heranzuziehen. Eine umfassende bibliograph. Einführung bietet HKG(J) I. Zu Quelleneditionen vgl. auch 14.7.2ff. Vgl. die Lexika 14.6.5 aber auch passim in den anderen Abschnitten von 14.6. Zur Bewertung der Handbücher die Übersicht in *Concilium* 6 (1970), S. 508–514.

HKG(J) *Handbuch der Kirchengeschichte* / Jedin, Hubert (Hrsg.). 6 Bde. in 10 Teilen. Freiburg i. Br. : Herder, 1962–75. (Paperback-Ausg. in 10 Bänden 1985. – Dazu : *Complementi alla storia della chiesa.* Bd. 1– . Milano : Jaca Books, 1984–).

Ökumenische Kirchengeschichte / Kottje, Raymund ... (Hrsg.). 3 Bde. Mainz : Grünewald ..., Bd. 1: ^{4}1983; Bd. 2: ^{3}1983; Bd. 3: ^{3}1982.

Schmidt, Kurt D.: *Grundriß der Kirchengeschichte.* Göttingen : Vandenhoeck und Ruprecht, ^{8}1984.

Heussi, Karl: *Kompendium der Kirchengeschichte.* Tübingen : Mohr, ^{16}1981.

KIG *Die Kirche in ihrer Geschichte* / Schmidt, Kurt D. ... (Hrsg.). Göttingen : Vandenhoeck und Ruprecht, 1961– . (vor allem bibliographisch sehr ergiebig; erscheint in Einzelfaszikeln).

An *Hilfsmitteln* vgl. die Atlanten (14.10) und folgende Zeittafeln:

Schmidt, Kurt D. ; Ruhbach, Gerhard: *Chronologische Tabellen zur Kirchengeschichte* / Reller, Horst (Bearb.). Göttingen : Vandenhoeck und Ruprecht, ^{4}1979.

Es gibt verschiedene Quellenanthologien für das Kirchengeschichtsstudium:

Kirch, C. ; Ueding, L.: *Enchiridion fontium historiae ecclesiasticae antiquae.* Freiburg i. Br. : Herder, ^{3}1960.

Silva-Tarouca, C.: *Fontes historiae ecclesiasticae medii aevi I : saec. V–IX.* Roma 1930.

Kirchen- und Theologiegeschichte in Quellen / Oberman, Heiko ... (Hrsg.). 4 in 5 Bdn. Neukirchen : Neuk. Verl., 1979–80 [versch.Aufl.].

Die *methodisch einführende Literatur* ist im Bereich der allgemeinen Geschichtswissenschaft breit gestreut, in der Kirchengeschichte spezifisch eher rar, vgl.:

Boshof, E. ; Düwell, K. ; Kloft, H.: *Grundlagen des Studiums der Geschichte.* Köln : Böhlau, ^{2}1979.

Overath, Joseph: *Einführung in das Studium der mittleren und neueren Kirchengeschichte.* Frankfurt a. M. : Lang, 1979 (EHS.T 134).

14.8.3 Alte Kirche, Patrologie, Christliche Archäologie

Vgl. hierzu den vorigen Abschnitt, soweit er sich auf die Alte Kirche bezieht, dort die Quellenanthologie von Kirch-Ueding; die Quelleneditionen 14.7.2 und 14.7.3. Laufende Bibliographien 14.4.2: RHE, BPatr, AnPh, BThAM, aber auch ggf. zu einzelnen Autoren der Väterzeit EBB, RBP usw. Von den Lexika 14.6.5 bes. RAC, DPAC, DHGE, DACL, aus 14.6.12 DSp. An Handbüchern vgl. neben HKG(J) I–II/2; KIG I:

Andresen, Carl: *Die Kirchen der alten Christenheit.* Stuttgart: Kohlhammer, 1971 (RM 29, 1/2).

Frank, Karl S.: *Grundzüge der Geschichte der Alten Kirche.* Darmstadt: Wiss. Buchges., 1984 (Grundzüge 55).

Altaner, Berthold; Stuiber, Alfred: *Patrologie.* Freiburg i. Br.: Herder, 91981.

Quasten, Johannes: *Patrology.* 3 Bde. Utrecht: Spectrum, 1950 u. ö. (liegt in mehreren Übersetzungen vor).

Campenhausen, Hans von: *Griechische Kirchenväter.* Stuttgart: Kohlhammer, 61981. Ders.: *Lateinische Kirchenväter.* Ebd. 51983. (empfehlenswert zur Einführung).

Beck, Hans-G.: *Kirche und theologische Literatur im byzantinischen Reich.* München: Beck, 1959 (HAW XII/2,1). - Nachdr. 1964.

Sprachliche Hilfsmittel:

PGL *A patristic greek lexicon* / Lampe, Geoffrey W. H. Oxford: Clarendon Pr., 41976.

Blaise, Albert: *Dictionnaire latin-français des auteurs chrétiens.* Turnhout: Brepols, 21967.

Blaise, Albert: *Lexicon latinitatis medii aevi praesertim ad res ecclesiasticas investigandas pertinens.* Turnhout: Brepols, 1975. (lat.-franz.)

du Cange, D.: *Glossarium mediae et infimae latinitatis.* 10 Bde. in 5 Bdn. Nachdr. der Ausg. 1883–87. Graz: Akad. Verl.anst., 1954.

Niermeyer, J. F.: *Mediae latinitatis lexicon minus.* Leiden: Brill, 1976.

Habel, E. (Hrsg.): *Mittellateinisches Glossar* / Gröbel, F. (Mitarb.). Paderborn: Schöningh, 21959. (knapp).

Neben diesen Arbeiten sind die Standardwerke der Altphilologie heranzuziehen. Einige größere Unternehmungen – vor allem das *Mittellateinische Wörterbuch* – sind leider noch in einem relativ frühen Stadium. – Verzeichnisse der Schriften und Ausgaben der Kirchenväter sind:

CPL DEKKERS, E.; GAAR, A.: *Clavis patrum latinorum*. Steenbrugge, 1951, ²1961 (Sacris erudiri 3). (Neue Ausgabe bei Brepols, Turnhout im CChr in Vorbereitung).

CPG GEERARD, M.: *Clavis patrum graecorum*. 4 Bde. Turnhout: Brepols, 1974–83 (CChr.SG). (Indexband in Vorbereitung).

FREDE, Hermann J.: *Kirchenschriftsteller: Verzeichnis und Sigel*. Freiburg i. Br.: Herder, ³1981 (Vetus latina I/1). (dazu Erg.heft).

Zur *Christlichen Archäologie und Kunstgeschichte* vgl. zusätzlich die Enzyklopädien und Lexika in 14.6.19: LCI, RDK, RBK, 14.6.9: LIMC. An handbuchartigen Einführungen und Darstellungen neben dem bibliographisch ergiebigen Faszikel von KIG B1 (C. ANDRESEN):

DEICHMANN, Friedrich W.: *Einführung in die christliche Archäologie*. Darmstadt: Wiss. Buchges., 1983.

BRENK, Beat: *Spätantike und frühes Christentum*. Frankfurt a. M.: Propyläen, 1977 (Propyläen-Kunstgeschichte, Suppl.bd. 1).

14.8.4 Mittelalterliche Kirchen- und Theologiegeschichte

Die in 14.8.2 genannten Werke zur allgemeinen Kirchengeschichte sind wieder heranzuziehen. Dabei ist HKG(J) III als Darstellung, KIG E–H (Bd. 2) als bibliographische Einführung bes. wichtig. Sprachliche Hilfsmittel s. 14.8.3. An laufenden Bibliographien vgl. 14.4.2: RHE, IMB, BThAM, RBP, an Lexika 14.6.5: DHGE, 14.6.15: *Clavis mediaevalis* und *Lexikon des Mittelalters*. Zu den Quellen vgl. auch die Angaben in 14.7.2.

Als *Einführung* in das Denken der Hochscholastik kann das

in Anm. 33 genannte Werk von M.-D. CHENU dienen; für die Frühscholastik:

LANDGRAF, A. M.: *Einführung in die Geschichte der theologischen Literatur der Frühscholastik.* Regensburg: Gregorius, 1948.

Einführend in die allgemeine Geschichte bzw. die historische Methodologie:

SOUTHERN, Richard W.: *Kirche und Gesellschaft im Abendland des Mittelalters.* Berlin: de Gruyter, 1976.

QUIRIN, H.: *Einführung in das Studium der mittelalterlichen Geschichte.* Braunschweig: Westermann, ³1964.

Als übergreifende Darstellungen der Geistesgeschichte vgl. neben GILSONS Philosophiegeschichte (14.8.18) besonders das 14.9 genannte Werk GRABMANNS. Ferner für die Frühscholastik:

LANDGRAF, A. M.: *Dogmengeschichte der Frühscholastik.* 4 Bde. in 8 Teilen. Regensburg: Pustet, 1952–56.

14.8.5 Reformation und katholische Reform

Als abgeschlossene Bibliographie vgl. SCHOTTENLOHER, Karl: *Bibliographie zur deutschen Geschichte im Zeitalter der Glaubensspaltung.* 7 Bde. Stuttgart: Hiersemann, 1955–66. - *Bibliographie de la Réforme 1450–1648.* 7 Faszikel. Leiden: Brill, 1958–70. - Als laufende Verzeichnung das *Archiv für Reformationsgeschichte* mit dem Beiheft: *Literaturbericht,* 1972– . Die wesentlichen Hilfsmittel nennt HKG(J) IV, S. XVIIff. – Als handbuchartige Darstellungen vgl.

LORTZ, Joseph: *Die Reformation in Deutschland.* 2. Nachdr. d. unveränd. Neuausg. Freiburg i. Br.: Herder, 1982. (Standardwerk der kath. Forschung; in dieser Ausg. mit Nachw. v. P. MANNS).

STUPPERICH, Robert: *Die Reformation in Deutschland.* Gütersloh: Gütersl. Verlagshaus, ²1980 (GTB Siebenstern 1401).

Daneben sind vor allem auch die profangeschichtlichen Darstellungen, z.B. im *Handbuch der deutschen Geschichte* von GEBHARDT oder in dem von Th. SCHIEDER hrsg. *Handbuch der europäischen Geschichte* usw., heranzuziehen. – Zur Geschichte der katholischen Reform bzw. Gegenreformation vgl. die Quellenausgaben in 14.7.3 (CT) und 14.7.4 (CCath). Als umfassende monographische Darstellung, die weit in die Vorgeschichte zurückgreift:

JEDIN, Hubert: *Die Geschichte des Konzils von Trient.* 4 Bde. in 5 Teilen. Freiburg i. Br.: Herder, 1949–75.

14.8.6 Fundamentaltheologie

Die bibliographischen Hilfsmittel sind für die systematisch-theologischen Fächer weitgehend identisch, vgl. 14.4.2: EThL, *Religion index, Zeitschriftenaufsatzerfassung...*, RBP und bedarfsweise die Spezialbibliographien zur Bibel, Patristik usw. Neben den allgemein theol. Lexika vgl. insbes. 14.6.10 und 14.6.16. Es liegen derzeit mehrere Handbücher vor (A. LANG, A. KOLPING, P. KNAUER, H. FRIES, H. WALDENFELS: vgl. die Buchhandelsverzeichnisse 14.4.1). Als Übersicht und Einführung:

WAGNER, Harald: *Einführung in die Fundamentaltheologie.* Darmstadt: Wiss. Buchges., 1981.

Als repräsentatives deutschsprachiges Fachhandbuch:

HFTh *Handbuch der Fundamentaltheologie* / KERN, Walter... (Hrsg.). Bd. 1– . Freiburg i. Br.: Herder, 1985– . (2 von 4 Bdn. erscheinen 1985).

Im *evangelischen* Bereich ist das Fach – wenn unter diesem Titel abgehandelt – anders strukturiert und behandelt aus dem Kanon des „katholisch“ verstandenen Fachs nur die Grundlagen- und Methodenproblematik, vgl.:

JOEST, Wilfried: *Fundamentaltheologie.* Stuttgart: Kohlhammer, [2]1981 (ThW 11).

14.8.7 Dogmatik und Dogmengeschichte

Bibliographien wie 14.8.6, zur speziellen Dogmatik davon bes. EThL. Lexika wie 14.8.6. – Eine größere Zahl von Einzeltraktaten liegt in monographischen Bearbeitungen vor (von A. GANOCZY, G. GRESHAKE, W. KASPER, O. H. PESCH, J. RATZINGER, Th. SCHNEIDER, H. VORGRIMLER u. a.: vgl. die Buchhandelsverzeichnisse 14.4.2). Als repräsentatives Handbuch:

MySal — *Mysterium salutis : Grundriß heilsgeschichtlicher Dogmatik /* FEINER, Johannes ; LÖHRER, Magnus (Hrsg.). 5 Bde. in 7 Teilen und Erg.bd. Einsiedeln; Zürich : Benziger, 1965–81.

Sammlungen lehramtlicher Quellen für den praktischen Gebrauch:

DS — DENZINGER, Heinrich: *Enchiridion symbolorum, definitionum et declarationum de rebus fidei et morum /* SCHÖNMETZER, Adolf (Bearb.). Barcelona ; Freiburg i. Br. : Herder, ^{36}1979. (vgl. dazu oben Anm. 19).

NR[8] — NEUNER, J. ; ROOS, H.: *Der Glaube der Kirche in den Urkunden der Lehrverkündigung /* RAHNER, Karl ; WEGER, Karl-H. (Bearb.). Regensburg: Pustet, ^{8}1971. (mit Nummernkonkordanz zu DS).

Zur Methodenlehre:

BEINERT, Wolfgang: *Dogmatik studieren.* Regensburg : Pustet, 1985.

Auch in der *evangelischen Dogmatik* gibt es eine große Anzahl von Einzeldarstellungen (von E. JÜNGEL, J. MOLTMANN, G. SAUTER u. a.). Es ist hier aber schwerer, repräsentative Handbücher zu nennen : die konfessionellen Tradtionen der luther. bzw. reformierten Kirche kommen in den älteren Werken von W. ELERT und O. WEBER vielleicht am klarsten zum Ausdruck. Von größter Bedeutung für die prot. Theologie des 20. Jhs. sind die Dogmatiken von K. BARTH, E. BRUNNER, P. TILLICH, dazu kommen neuerdings die Arbeiten von G. EBELING, H. THIELICKE u. a. Eine Übersicht über die klassischen und modernen Positionen der prot. Theologie versucht:

Handbuch systematischer Theologie / RATSCHOW, Carl H. (Hrsg.). Gütersloh : Gütersloher Verl., 1979–.

Quellensammlungen zur kirchlichen Lehrtradition (zu den Bekenntnisschriften vgl. 14.7.4):

SCHMID, Heinrich: *Die Dogmatik der evangelisch-lutherischen Kirche : dargest. und aus den Quellen belegt* / PÖHLMANN, Horst G. (Bearb.). Gütersloh : Gütersloher Verlagshaus, ^{10}1983.

HIRSCH, Emanuel: *Hilfsbuch zum Studium der Dogmatik*. Berlin : de Gruyter, ^{4}1964. - Nachdruck 1974.

HEPPE, H.: *Die Dogmatik der evangelisch-reformierten Kirche* / BIZER, Ernst (Hrsg.). Neukirchen : Neuk. Verl., ^{2}1958.

Zur Methodologie:

SAUTER, Gerhard ; STOCK, Alex: *Arbeitsweisen systematischer Theologie*. München : Kaiser ; Mainz : Grünewald, ^{2}1982 (Studium Theologie 2).

Zur *ostkirchlichen Dogmatik* deutschsprachig derzeit nur vorhanden:

STANILOAE, Dumitru: *Orthodoxe Dogmatik*. Zürich : Benziger ; Gütersloh : Gütersloher Verl.,1984.

Zur lehramtlichen Tradition:

KARMIRIS, J. ; IVÁNKA, E. v.: *Repertorium der Symbole und Bekenntnisschriften der griech.-orthodoxen Kirche in lateinischen ... Übersetzungen*. Düsseldorf : Patmos, 1969. (verhilft zur Auffindung derselben, keine Textausgabe, auch enthalten in HOK[1], S. 688–722).

Zur *Dogmengeschichte* sind immer noch die klassischen Werke der protestantischen liberalen Theologie von A. VON HARNACK und R. SEEBERG (Nachdrucke: Wiss. Buchges.) wichtig. Neben dem kath., nach Traktaten geordneten HDG und der monumentalen Dogmengeschichte der Christologie von A. GRILLMEIER seien noch zwei neuere protestantische Werke genannt. Der Übergang zur Theologiegeschichte (vgl. 14.9) ist nicht immer scharf.

HDG *Handbuch der Dogmengeschichte* / SCHMAUS, M.... (Hrsg.). Freiburg i. Br. : Herder, 1951– .

GRILLMEIER, Alois: *Jesus der Christus im Glauben der Kirche*. Bd. 1–. Freiburg i. Br.: Herder, 1979–. (auf 3 Bde. geplant).

ADAM, Alfred: *Lehrbuch der Dogmengeschichte*. 2 Bde. Gütersloh: Gütersloher Verlagshaus, ^{4}1981.

Handbuch der Dogmen- und Theologiegeschichte / ANDRESEN, Carl (Hrsg.). Bd. 1–3. Göttingen: Vandenhoeck und Ruprecht, 1980–84.

14.8.8 Ökumenische Theologie, Konfessionskunde

Die ökumenische Dimension muß in jeder Theologie präsent sein. Die Konfessionskunde bietet hierzu als „Hilfswissenschaft" Informationen über Theologie und Selbstverständnis der christlichen Kirchen und Gemeinschaften. Ein zweiter Schwerpunkt sind Fragen zwischenkirchlicher Art: Zusammenarbeit, Einigungsmöglichkeiten usw. Es gibt spezielle Zeitschriften für ökumenische Fragen (*Catholica, Una Sancta*, ÖR, JES usw.). Die Literatur kann man folgenden Handbüchern entnehmen:

ALGERMISSEN, Konrad: *Konfessionskunde* / FRIES, Heinrich (Bearb.). Paderborn: Bonifacius, ^{8}1969.

HEYER, Friedrich: *Konfessionskunde*. Berlin: de Gruyter, 1977.

Die Kirchen der Welt / HARMS, Hans H. (Hrsg.). Bd. 1–. Stuttgart: Evang. Verlagswerk, 1959–. (Reihe von Selbstdarstellungen der versch. Kirchen und Gemeinschaften).

HOK[2] *Handbuch der Ostkirchenkunde* / NYSSEN, Wilhelm ... (Hrsg.). Bd. 1–. Neu erarb. Ausg. Düsseldorf: Patmos, 1984–. (2. Bd. geplant, 1. Ausg. 1971).

Handbuch religiöse Gemeinschaften : Freikirchen, Sondergemeinschaften, Sekten, Weltanschauungsgemeinschaften, Neureligionen / RELLER, Horst (Hrsg.). Gütersloh: Gütersloher Verlagshaus, ^{2}1978.

EGGENBERGER, Oswald: *Die Kirchen, Sondergruppen und religiösen Vereinigungen*. Zürich: TVZ, ^{3}1983.

HUTTEN, Kurt: *Seher, Grübler, Enthusiasten : das Buch der trad. Sekten und rel. Sonderbewegungen*. Stuttgart: Quell, ^{12}1982. (populär, aber sehr informativ).

Zu Jugendsekten etc. vgl. 14.6.7; dort auch weitere konfessionskundliche Information. – Zur Geschichte der ökumenischen Bewegung vgl.:

ROUSE, Ruth ; NEILL, Stephen Ch.: *Geschichte der ökumenischen Bewegung : 1517–1948.* 2 Bde. Göttingen: Vandenhoeck und Ruprecht, [2]1963 bzw. [2]1973.

FEY, Harold: *Geschichte der ökumenischen Bewegung : 1948–1968.* Göttingen: Vandenhoeck und Ruprecht, 1974.

Quellen zur Geschichte, kirchliche Dokumente, zwischenkirchliche Gespräche:

Ökumenische Dokumente / ALTHAUS, H. L. (Hrsg.). Göttingen: Vandenhoeck und Ruprecht, 1962.

Ökumenisches Direktorium. 2 Bde. Paderborn: Bonifatius, 1969–70. (Dss. und weitere Dokumente auch in der NKD, vgl. 14.7.5)

Dokumente wachsender Übereinstimmung : sämtliche Berichte und Konsenstexte interkonfessioneller Gespräche auf Weltebene 1931–1982 / MEYER, Harding... (Hrsg.). Paderborn: Bonifatius, 1983.

14.8.9 Moraltheologie, Ethik

Zu den bibliographischen Hilfsmitteln vgl. 14.8.6, das relativ breite Angebot lexikalischer Nachschlagewerke siehe in 14.6.11, 14.6.12, 14.6.17 (PALAZZINI), 14.6.16 (HÖFFE). In diesen läßt sich auch die traditionelle kath. Moraltheologie (z. B. 14.6.17) ermitteln. Im folgenden seien ein kath., ein evang. und ein interkonfessionell erarbeitetes Handbuch genannt:

BÖCKLE, Franz: *Fundamentalmoral.* München: Kösel, [3]1981.

TRILLHAAS, Wolfgang: *Ethik.* Berlin : de Gruyter, [3]1970.

HCE *Handbuch der christlichen Ethik* / HERTZ, Anselm... (Hrsg.). 3 Bde. Freiburg i. Br.: Herder..., 1978–82.

14.8.10 Christliche Gesellschaftslehre, Sozialethik

Zum Fach vgl. R. HENNING. In: *Katholisches Soziallexikon.* [2]1980, Sp. 1306–17. Lexika: 14.6.17, 14.6.11. Fachzeitschriften: JCSW, ZEE usw. Für interdisziplinäre Fragestellungen sind auch sozialwiss., politolog., wirtschaftswiss., jurist. Hilfsmittel heranzuziehen, die den Rahmen dieser Übersicht sprengen würden, vgl. aber bes. A. UTZ: *Grundsatzfragen des öffentlichen Lebens : Bibliographie.* Freiburg i. Br. : Herder, 1960– .

Handbücher:

NELL-BREUNING, Oswald v.: *Gerechtigkeit und Freiheit : Grundzüge katholischer Soziallehre.* Wien : Europaverl., 1980.

HÖFFNER, Josef: *Christliche Gesellschaftslehre.* Studienausg. n. d. 8. Aufl. Kevelaer: Butzon und Bercker, [4]1983.

Quellensammlungen:

Texte zur katholischen Soziallehre : Die sozialen Rundschreiben der Päpste und andere kirchl. Dokumente. Kevelaer : Butzon und Bercker, [5]1982. (Als Kommentar dazu: O. v. NELL-BREUNING: *Soziallehre der Kirche.* Wien : Europaverl., 1977).

Die katholische Sozialdoktrin in ihrer geschichtlichen Entwicklung / UTZ, A. ; GALEN, B. v. (Hrsg.). 4 Bde. Aachen : Scientia humana Inst., 1976.

Zur evangelischen Sozialethik:

HONECKER, Martin: *Perspektiven christlicher Gesellschaftsdeutung.* Gütersloh: Mohn 1981 (GTB Siebenstern 1404).

14.8.11 Caritas-, Diakoniewissenschaft, christliche Sozialarbeit

Als Universitätswissenschaft in Freiburg i. Br. und Heidelberg vertreten. Vgl. zum Fach R. VÖLKL. In: HPTh V, Sp. 79–83.

Neben den Fachbibliographien der Hilfswissenschaften und den einschlägigen theol. period. Bibliographien (14.4.2) vgl. die Zeitschrift *Caritas* und *Caritas : Jahrbuch des Dt. Caritasverbandes*. Es gibt kein umfassendes Handbuch, vgl. zur theologischen Begründung:

VÖLKL, Richard: *Dienende Kirche, Kirche der Liebe.* Freiburg i. Br. : Seelsorge-Verl., 1969.

VÖLKL, Richard (Hrsg.): *Caritative Diakonie der Kirche.* Aschaffenburg : Pattloch, 1976.

KRIMM, H. (Hrsg.): *Das diakonische Amt der Kirche.* Stuttgart : Evang.Verlagswerk, ²1965.

Zur Geschichte:

LIESE, W.: *Geschichte der Caritas.* 2 Bde. Freiburg i. Br. : Caritasverl., 1922–36.

BEYREUTHER, Erich: *Geschichte der Diakonie und inneren Mission in der Neuzeit.* Berlin : Christl. Zeitschriftenverl., ³1983.

Quellen:

KRIMM, H. (Hrsg.): *Quellen zur Geschichte der Diakonie.* 3 Bde. Stuttgart : Evang. Verlagswerk, 1960–66.

14.8.12 Kirchenrecht, kirchliche Rechtsgeschichte

Von den periodischen Bibliographien vgl. bes. EThL (14.4.2) und die *Canon law abstracts*. Lexika siehe 14.6.17. Das amtliche Gesetzblatt der katholischen Kirche sind die AAS, dazu kommen die diözesanen und evangelischerseits landeskirchlichen Amtsblätter. Quelleneditionen sind in den Handbüchern zu ermitteln. Das neu bearb. Gesetzbuch der katholischen Kirche ist:

CIC — *Codex des kanonischen Rechts : Lateinisch-deutsche Ausgabe.* Kevelaer : Butzon und Bercker, 1983. (in den folgenden Auflagen mit einem Sachverzeichnis).

Handbücher zum gesamten kath. Kirchenrecht, zu dem bes. wichtigen Teilgebiet des Eherechts und zum evang. Kirchenrecht sowie zum Staatskirchenrecht:

Handbuch des katholischen Kirchenrechts / LISTL, Joseph... (Hrsg.). Regensburg: Pustet, 1983.

ZAPP, Hartmut: *Kanonisches Eherecht* / MOSIEK, Ulrich (Begr.). Freiburg i. Br.: Rombach, ^{6}1983.

DOMBOIS, Hans: *Das Recht der Gnade : Ökumenisches Kirchenrecht.* 3 Bde. Witten: Luther Verl., 1961–83.

WOLF, Erik: *Ordnung der Kirche : Lehr- und Handbuch des Kirchenrechts auf ökumenischer Basis.* Frankfurt: Klostermann, 1961.

Handbuch des Staatskirchenrechts der Bundesrepublik Deutschland / FRIESENHAHN, Ernst... (Hrsg.). 2 Bde. Berlin: Duncker und Humblot, 1974–75.

Kirchliche Rechtsgeschichte:

PLÖCHL, W. M.: *Geschichte des Kirchenrechts.* 5 Bde. Wien: Herold, 1960–70. - teils in 2. Aufl.

FEINER, H. E.: *Kirchliche Rechtsgeschichte.* Bd. 1: Die katholische Kirche. Köln: Böhlau, ^{5}1972.

14.8.13 Pastoraltheologie, Praktische Theologie

Die folgenden Angaben betreffen die Pastoraltheologie allgemein. Da hier keine wissenschaftstheoretischen Entscheidungen durch die Untergliederungen getroffen werden sollen, ist die Abteilung von 14.8.14ff. nur aus Gliederungsgesichtspunkten erfolgt (vgl. auch 14.8.10f.). Lexika vgl. 14.6.14. Die wissenschaftstheoretische Stellung der Pastoraltheologie bzw. der einzelnen Zweige der praktischen Theologie (die Begriffe werden nicht einheitlich gebraucht) und ihre Geschichte werden in einzelnen Beiträgen des folgenden Bandes behandelt:

KLOSTERMANN, Ferdinand; ZERFASS, Rolf (Hrsg.): *Praktische Theologie heute.* München: Kaiser..., 1974.

Handbücher:

HPTh *Handbuch der Pastoraltheologie* / ARNOLD, Franz X.... (Hrsg.). 5 Bde. in 6 Teilen. Freiburg i. Br.: Herder, 1964–72. (teilweise in überarb. 2. Aufl.).

Handbuch der praktischen Theologie / AMMER, Heinrich... (Bearb.). 3 Bde. Berlin: Evang.Verlagsanst., 1974–78.

Handbuch der praktischen Theologie / BLOTH, Peter C.... (Hrsg.). Bde. 2 u. 3. Gütersloh : Gütersloher Verlagshaus, 1981–83.

Handbücher zu speziellen Aufgabenfeldern (Jugendarbeit, Arbeiterpastoral, Altenarbeit usw.) entnehme man den Buchhandelsverzeichnissen (14.4.1). Einführende Literatur, Methodenfragen:

ZERFASS, Rolf; GREINACHER, Norbert (Hrsg.): *Einführung in die Praktische Theologie.* München : Kaiser..., 1976 (Studium Theologie 3).

BÄUMLER, Chr....: *Methoden der empirischen Sozialforschung in der praktischen Theologie : eine Einführung.* München : Kaiser..., 1976 (Studium Theologie 4).

14.8.14 Liturgie und Homiletik, Kirchenmusik

Die Liturgiewissenschaft hat sowohl praktische wie historische (Liturgiegeschichte) und systematische (Theologie der Liturgie) Aspekte. In den Fachzeitschriften (ALW, JLW usw.) finden sich sowohl Artikel über die Bestimmung der Disziplin wie auch bibliographische Übersichten. Daneben sind je nach Aufgabe die entsprechenden periodischen Bibliographien der Theologie (14.4.2) heranzuziehen; Lexika siehe 14.6.13, aber auch 14.6.5 und 14.6.19. Quelleneditionen etc. sind den Fachhandbüchern zu entnehmen:

Gottesdienst der Kirche : Handbuch der Liturgiewissenschaft / MEYER, H.B. ... (Hrsg.). Regensburg : Pustet, 1983– .

Handbuch der Liturgiewissenschaft / MARTIMORT, Aimé-G. (Hrsg.). 2 Bde. Freiburg i.Br.: Herder, 1963–65. (eine Neubearb. des original franz. Werks erscheint derzeit: *L'Église en prière* / MARTIMORT, A.-G. (Hrsg.). Paris : Desclée, 1983– .).

JUNGMANN, Joseph A.: *Missarum sollemnia : eine genet. Erklärung der röm. Messe.* 2 Bde. Freiburg i.Br.: Herder, [5]1962.

KLAUSER, Theodor: *Kleine abendländische Liturgiegeschichte.* Bonn : Hanstein, [5]1965.

Sprachlexikon:

BLAISE, Albert: *Le vocabulaire latin des principaux thèmes liturgiques.* Turnhout: Brepols, 1966.

Evangelisches Handbuch:

Leiturgia: Handbuch des evangelischen Gottesdienstes / MÜLLER, K.F.... (Hrsg.). 5 Bde. Kassel: Stauda, 1954–70.

Zur Liturgie der Ostkirchen vgl. die einschlägigen Lexika (14.6.13) und das HOK (14.8.8).

Amtliche Normen und Quellensammlungen:

Enchiridion documentorum instaurationis liturgicae / KACZYNSKI, Reiner (Hrsg.). Bd. 1–. Torino: Marietti, 1976–.

Dokumente zur Erneuerung der Liturgie / RENNINGS, Heinrich... (Hrsg.). Bd. 1–. Kevelaer: Butzon und Bercker, 1983–.

Der Gottesdienst im deutschen Sprachgebiet: Liturg. Dokumente, Bücher u. Behelfe / MEYER, Hans B. (Hrsg.). Regensburg: Pustet, 1982.

Quellen zur Geschichte des evangelischen Gottesdienstes von der Reformation bis zur Gegenwart / HERBST, W. (Hrsg.). Göttingen: Vandenhoeck und Ruprecht, 1968.

Zur Homiletik:

HVk *Handbuch der Verkündigung* / DREHER, Bruno... (Hrsg.). 2 Bde. Freiburg i.Br.: Herder, 1970.

TRILLHAAS, Wolfgang: *Einführung in die Predigtlehre.* Darmstadt: Wiss. Buchges, ^{2}1980.

Zur Kirchenmusik vgl. die Lexika 14.6.19; historisch dazu:

Geschichte der katholischen Kirchenmusik / FELLERER, K.G. (Hrsg.). 2 Bde. Kassel: Bärenreiter, 1972–76.

BLUME, Friedrich: *Geschichte der evangelischen Kirchenmusik.* Kassel: Bärenreiter, 1965.

14.8.15 Religionspädagogik, Katechetik

Vgl. die Lexika 14.6.14 und 14.6.18; als abgeschlossene Bibliographie W. F. Kasch: *Ökumenische Bibliographie : Religionsunterricht, Religionspädagogik, kirchliche Erziehung.* Paderborn : Schöningh, 1976 (UTB 555), als laufende Bibliographie die *Literaturdokumentation Religionspädagogik* (14.4.2). Interkonfessionelles Fachhandbuch:

HRP *Handbuch der Religionspädagogik /* Feifel, E. ... (Hrsg.). 3 Bde. Gütersloh : Gütersloher Verlagshaus ..., 1973–75.

14.8.16 Missionswissenschaft

Lexika vgl. 14.6.5, Bibliographien : L. Vriens : *Kritische Bibliographie der Missionswissenschaft.* Nimwegen : V. S. K. B., 1961, sowie laufend: *Bibliotheca missionum /* Streit, R. (Begr.). Münster ; [jetzt:] Roma : Herder, 1916– . – Zur Missionstheologie:

Ohm, Th.: *Machet zu Jüngern alle Völker : Theorie der Mission.* Freiburg i. Br. : Wewel, 1962.

Schütte, J. (Hrsg.) : *Mission nach dem Konzil.* Mainz : Grünewald, 1967.

Rosenkranz, Gerhard: *Die christliche Mission : Geschichte und Theologie.* München : Kaiser, 1977.

Zur Missionsgeschichte vgl. die Darstellungen in HKG(J) und KIG (14.8.2) sowie die Übersichtskarten im *Atlas zur Kirchengeschichte* (14.10), ferner:

Mulders, Alfons J.: *Missionsgeschichte.* Regensburg : Pustet, 1960.

Latourette, Kenneth S.: *A history of the expansion of Christianity.* 7 Bde. New York : Harper, 1937–45. (dt. Kurzausg.: Ders.: *Geschichte der Ausbreitung des Christentums.* Göttingen : Vandenhoeck und Ruprecht, 1956. - Fortsetzung des Werks: Winter, R. D.: *The 25 unbelievable years : 1945 to 1969.* South Passadena, Calif. : Carey, 1970).

KGMG *Kirchengeschichte als Missionsgeschichte* / FROHNES, Heinzgünter... (Hrsg.). Bd. 1–. München: Kaiser, 1974–. (2 Bde. bis Frühmittelalter erschienen).

14.8.17 Religionswissenschaft

Vgl. die 14.6.8f. genannten Lexika, zur Beurteilung der Handbücher auch K. RUDOLPH: Historia Religionum. In: ThLZ 98 (1973), Sp. 401–18.

HRG *Handbuch der Religionsgeschichte* / ASMUSSEN, Jens P. ... (Hrsg.). 3 Bde. Göttingen: Vandenhoeck und Ruprecht, 1971–75.

ELIADE, Mircea: *Geschichte der religiösen Ideen.* Bd. 1–. Freiburg i. Br.: Herder, 1978–. (derzeit bis Bd. 3,1 nebst Quellenbd.).

RM *Die Religionen der Menschheit* / SCHRÖDER, Chr. M. (Hrsg.). Stuttgart: Kohlhammer, 1960–. (monumentale Reihe von z. T. mehrbändigen Darstellungen).

WIDENGREN, Geo: *Religionsphänomenologie.* Berlin: de Gruyter, 1969.

LEEUW, Gerardus v. d.: *Phänomenologie der Religion.* Tübingen: Mohr, ⁴1977.

Als Hilfsmittel ist der *Historical atlas of the religions of the world* (14.10) heranzuziehen.

14.8.18 Religionsphilosophie

Vgl. die Lexika der Philosophie (14.6.16), als Einführung in die philosophische Bibliographie GELDSETZER, Lutz: *Allgemeine Bücher- und Institutionenkunde für das Philosophiestudium.* Freiburg i. Br.: Alber, 1971. Neben individuellen Entwürfen zur Religionsphilosophie (etwa von A. LANG, K. RAHNER, W. TRILLHAAS, N. H. SØ, S. HOLM, B. WELTE, J. SPLETT, J. SCHMITZ, H. G. HUBBELING) vgl. als Übersicht:

SCHAEFFLER, Richard: *Religionsphilosophie.* Freiburg i. Br.: Alber, 1983 (Handbuch Philosophie).

Daneben vgl. vor allem die verschiedenen Handbücher zur Geschichte der Philosophie:

HIRSCHBERGER, J.: *Geschichte der Philosophie*. 2 Bde. Freiburg i. Br.: Herder, [13]1984/[11]1981.

ÜBERWEG, F. (Begr.): *Geschichte der Philosophie*. 5 Teile. Nachdr. d. 11./12. Aufl. Darmstadt: Wiss. Buchges., 1957. (breiteste klass. Darstellung; bibliographisch ergiebig; völlige Neubearb. im Erscheinen).

TOTOK, W.: *Handbuch der Geschichte der Philosophie*. Bd. 1–. Frankfurt: Klostermann, 1964–. (rein *bibliographisches* Handbuch; setzt ÜBERWEG insofern fort. Auf 4 Bde. angelegt).

GILSON, Étienne; BÖHNER, Ph.: *Christliche Philosophie von ihren Anfängen bis Nikolaus von Cues*. Paderborn: Schöningh, [3]1954.

14.8.19 Religionspsychologie und -soziologie

Obwohl es sich hierbei nicht um theologische Fächer im eigentlichen Sinne handelt, spielen die Fragestellungen beider Disziplinen doch in manche theologische Fragestellung hinein, weshalb wenigstens erste Informationsmittel hier genannt sein sollen. Zur deutschsprachigen *Psychologie* vgl. das *Gesamtverzeichnis der deutschsprachigen psychologischen Literatur der Jahre 1942–1960* / WELLECK, A. (Hrsg.). Göttingen: Hogrefe, 1965, und die laufende *Bibliographie der deutschsprachigen psychologischen Literatur*. Frankfurt: Klostermann, 1971–; international zu ergänzen durch CAPPS, D.; RAMBO, L.; RANSOHOFF, P.: *Psychology of religion: a guide to information sources*. Detroit, Mich.: Gale, 1976. – Handbücher der Religionspsychologie:

VERGOTE, A.: *Religionspsychologie*. Olten: Walter, 1970.

FABER, H.: *Religionspsychologie*. Gütersloh: Gütersloher Verlagshaus, 1973.

Für die *Religionssoziologie* bietet das folgende Werk von J. MATTHES eine gute Einführung in verschiedene Theorien, die durch Quellentexte aus erster Hand vermittelt werden. Bibliographie dort Bd. 1, S. 236; zum Christentum vgl. besonders CARRIER, H.; PIN, E.: *Sociologie du christianisme: Bibliographie internationale (1900–1961)*. Roma: Ed. Univ. Gregoriana, 1964. Forts. DIES. u. FASOLA-BOLOGNA, A.: *Supplément 1962–1966*. Ebd. 1968. Als Zeitschrift das *Internationale Jahrbuch für Religionssoziologie*. Köln, 1965–. Als lexikalisches Handbuch das 14.6.17 genannte *Handwörterbuch der Sozialwissenschaften*.

MATTHES, J.: *Religion und Gesellschaft: Einführung in die Religionssoziologie I*. Reinbek: Rowohlt, 1967 (rde 279/28), und DERS.: *Kirche und Gesellschaft: Einführung... II*. Ebd., 1969 (rde 312/313).

14.9 Geschichte der Theologie

Nach dem Durchgang durch die Grundliteratur der Einzelfächer der Theologie (14.8) sollen abschließend noch einige größere Zeiträume umgreifende Darstellungen der Geschichte der Theologie genannt werden. Für ihre Epochen wären hierzu nochmals die verschiedenen Handbücher zur Patrologie, zum Mittelalter, zur Reformation usw. heranzuziehen. Darüber hinaus sind grundlegend:

GRABMANN, Martin: *Die Geschichte der katholischen Theologie seit dem Ausgang der Väterzeit*. Freiburg i. Br.: Herder, 1933. - Nachdruck: Darmstadt: Wiss. Buchges., 1980

HÄGLUND, Bengt: *Geschichte der Theologie*. München: Kaiser, 1983.

STEPHAN, Horst; SCHMIDT, Martin: *Geschichte der evangelischen Theologie in Deutschland seit dem Idealismus*. Berlin: de Gruyter, [3]1973.

HIRSCH, Emanuel: *Geschichte der neueren evangelischen Theologie im Zusammenhang mit den allgem. Bewegungen d. europ. Denkens*. 5 Bde. Darmstadt: Wiss. Buchges., [5]1975. – Nachdr. Münster: Stenderhoff, 1984.

Barth, Karl: *Die protestantische Theologie im 19. Jahrhundert.* Zürich : TVZ, ⁴1981. (2bdge. Tb.-Ausg. München : Siebenstern, 1975 [Siebenstern-Tb. 177/178]).

Mildenberger, Friedrich: *Geschichte der evangelischen Theologie im 19. und 20. Jahrhundert.* Stuttgart : Kohlhammer, 1981 (ThW 10).

Bilanz der Theologie im 20. Jahrhundert / Vorgrimler, Herbert ... (Hrsg.). 4 Bde. Freiburg i. Br., Herder, 1969–70.

Winling, Raymond: *La théologie contemporaine (1945–1980).* Paris : Centurion, 1983.

Strecker, Georg (Hrsg.): *Theologie im 20. Jahrhundert.* Tübingen : Mohr, 1983 (UTB 1238). (entgegen Titel nur *prot., deutsprach. Theol. behandelnd!).*

Ein geschichtliches Panorama für ihre Zeit bieten auch folgende „Geschichten in Porträts“:

Fries, Heinrich ... (Hrsg.): *Katholische Theologen Deutschlands im 19. Jahrhundert.* 3 Bde. München : Kösel, 1975.

Greschat, Martin (Hrsg.): *Theologen des Protestantismus im 19. und 20. Jahrhundert.* 2 Bde. Stuttgart : Kohlhammer, 1978 (Urban-Tb. 284/285).

Schultz, Hans J. (Hrsg.): *Tendenzen der Theologie im 20. Jahrhundert: eine Geschichte in Porträts.* Stuttgart : Kreuz ..., ²1967. (Erw. italien. Ausgabe ders.; Varzan, Piersandro [Hrsg.]: *Lessico dei teologi des secolo XX.* Brescia : Queriniana, 1978).

14.10 Atlanten

Zu dem umfangreichen, in vielen Einzelfaszikeln erscheinenden und von der Steinzeit bis zum 20. Jahrhundert reichenden Unternehmen des *Tübinger Atlas des Vorderen Orients* vgl. die Bibliothekskataloge. – Wichtige Atlanten:

Großer Historischer Weltatlas. 3 Bde., Erläuterungsbd. München : Bayerischer Schulbuchverlag, 1953–70. – Neubearb. in versch. Aufl. (umfangreichstes Werk zur allg. Gesch.).

Putzger, F. W.: *Historischer Schulatlas.* Neuausg. Berlin : Cornelsen-Velhagen und Klasing, [100]1980. (gängigster Handatlas).

Atlas zur Geschichte. 2 Bde. Gotha : H. Haak, 1973–75. (marxist., unter sozialgeschichtl. Aspekt interessant).

Whitehouse, David u. Ruth: *Lübbes ärchäologischer Weltatlas* / Rehork, Joachim (Dt. Bearb.). Berg. Gladbach : Lübbe, 1976.

Beek, M. A.: *Bildatlas der assyrisch- babylonischen Kultur* / Rölling, Wolfgang (Dt. Bearb.). Gütersloh : Gütersloher Verlagshaus, 1961.

Aharoni, Yohanan ; Avi-Yonah, Michael : *Der Bibel-Atlas.* Hamburg : Hoffmann und Campe, 1981. (Dt. Ausg. des *Macmillan Bible atlas).*

Grollenberg, L. H.:*Bildatlas zur Bibel* / Eising, H. (Bearb.). Gütersloh : Mohn, [4]1962. - kleine Ausgabe auch als Gütersloher Taschenbuch 100.

Wright, G. E. ; Filson, F.V.: *The Westminster historical atlas of the Bibel.* Rev. ed. Philadelphia, Pa. : Westminster Pr., 1956. (die außerordentlich preiswerte dt. Kurzausgabe: Dies.: *Kleiner historischer Bibelatlas* / Schlatter, Th. (Bearb.). Stuttgart : Calwer Verl. [4]1974).

Studienatlas zur Bibel : Handbuch zur historischen Geographie der biblischen Länder / Frank, H. T....(Bearb.) ; Nagy, B. T. (Dt. Bearb.). Neuhausen-Stuttgart : Hänssler, 1983. (Teil des „Breitwand-Projekts" audiovisueller geograph. Dokumentation des Pictorial Archive (Near Eastern History), P.O. Box 19823, Jerusalem; steht in Zusammenhang mit der *Encyclopedia of archaeological excavations :* 14.6.4).

Rogerson, John : *The new atlas of the Bible.* London : Macdonald, 1985. (Bildmaterial ebenfalls aus dem Pictorial Archive).

Rowley, H. H.: *Atlas zur Bibel.* Wuppertal : R. Brockhaus, [6]1976.

Hartmann, Karl: *Atlas-Tafel-Werk zu Bibel und Kirchengeschichte : Karten, Tabellen, Erläuterungen.* 5 Bde. in 8 Teilbdn. Stuttgart : Quell, 1979–83.

Atlas zur Kirchengeschichte : Die christlichen Kirchen in Geschichte und Gegenwart / Jedin, Hubert... (Hrsg.). Freiburg i. Br. : Herder, 1970. (das maßgebliche Standardwerk zur Kirchengeschichte).

Mohrmann, Ch. ; van der Meer, F.: *Bildatlas der frühchristlichen Welt /* Kraft, H. (Hrsg.). Gütersloh: Mohn, 1959.

Littell, Franklin H.: *Atlas zur Geschichte des Christentums /* Geldbach, Erich (Bearb.). Wuppertal: R. Brockhaus, 1980.

Emmrich, Heinrich: *Atlas hierarchicus : descriptio geographica et statistica ecclesiae catholicae tum occidentis tum orientis.* Mödling : St. Gabriel-Verl...., 1975–76.

Freitag, Anton: *Die Wege des Heils : Bildatlas zur Geschichte der Weltmission.* Salzburg : O. Müller, 1960.

Emmrich, Heinrich ; Schorer, Lujo : *Atlas missionum a sacra congregatione de propaganda fide dependentium.* Civitas Vaticana : S. Congregatio de Propaganda Fide, 1958–59.

Ragi al Faruqi, Isma'il ; Sopher, D. E. (Hrsg.): *Historical atlas of the religions of the world.* London : Collier-Macmillan, 1974.

15 Abkürzungsverzeichnisse

15.1 Abkürzungen in Anmerkungen und Zitatnachweisen

a.a.O.	am angegebenen Ort
Abb.	Abbildung(en)
art.	articulus (vgl. 4.7.3)
Aufl.	Auflage
Ausg.	Ausgabe
Bd., Bde.	Band, Bände
Bearb.	Bearbeiter
Begr.	Begründer
Beih.	Beiheft
Beil.	Beilage
Bl.	Blatt
c.	canon (vgl. 4.7.4), corpus articuli (vgl. 4.7.3)
cf.	confer (vergleiche; besser: vgl.)
corp.	corpus articuli (vgl. 4.7.3)
d.	distinctio (vgl. 4.7.3)
ders., dies	derselbe, dieselbe(n)
ebd.	ebenda
Ed.	Editio (Ausgabe), Editor (Herausgeber)
Einf.	Einführung
Einl.	Einleitung
Erg.	Ergänzung
et al.	et alii (besser: u.a.)
f., ff.	folgende (Singular), folgende (Plural)
Forts.	Fortsetzung
Fot.	Fotograph
gedr.	gedruckt
Ges.	Gesellschaft
H.	Heft
Hrsg.	Herausgeber (auch Kurzform möglich: Hg.)
ib., ibid.	ibidem (ebenda, besser: ebd.)
Ill.	Illustration(en), Illustrator
Interv.	Interviewer,
Intervt.	Interviewter

Jg.	Jahrgang
Kap.	Kapitel
Kt., Ktn.	Karte, Karten
Lfrg.	Lieferung
loc. cit.	loco citato (am angegebenen Ort, besser: a.a.O.)
masch.	maschinenschriftlich
Mitarb.	Mitarbeiter
Nachdr.	Nachdruck
Nachw.	Nachwort
N.F.	Neue Folge
o.J.	ohne Jahr (besser nicht zu verwenden, vgl. 4.1, g)
o.O.	ohne Ort (besser nicht zu verwenden, vgl. 4.1, e)
Orig.	Original(ausgabe)
P.	Pars, part (Teil)
passim	öfter
period.	periodisch
Pseud.	Pseudonym
r.	recto (Vorderseite, bes. bei Manuskripten)
Red.	Redaktion, Redaktor (Bearbeiter)
Reg.	Register
Repr.	Reprint (Nachdruck)
rev.	revidiert, überarbeitetet
s.	siehe
S.	Seite
Ser.	Serie
Sp.	Spalte
Suppl.	Supplement (Ergänzung)
T.	Tomus, tome, Teil
Taf.	Tafel (Abbildungstafel)
Tb.	Taschenbuch
u.a.	und andere
u.d.T.	unter dem Titel
Übers.	Übersetzer
v.	vide (siehe; besser: s.); verso (Rückseite, vgl. r.)
Veranst.	Veranstalter
Verf.	Verfasser
Verl.	Verlag
Vol.	Volumen, volume (Band; besser: Bd.)
Vorw.	Vorwort
Z.	Zeile

15.2 Sigel gängiger Zeitschriften, Reihen und Standardwerke

AAS	Acta apostolicae sedis
ACCon	Acta concilii Constanciensis (14.7.3)
ACO	Acta conciliorum oecumenicorum (14.7.3)
ADSCR	Acta et decreta sacr. conc. recent. (14.7.3)
AET	Abhandlungen zur evangelischen Theologie
AEvKR	Archiv für evangelisches Kirchenrecht
AGK	Arbeiten zur Geschichte des Kirchenkampfs
AGSU	Arbeiten z. Gesch. d. Spätjud. u. Urchristentums
AGTL	Arbeiten z. Geschichte u. Theologie d. Luthertums
AHC	Annuarium historiae conciliorum
AKathKR	Archiv für katholisches Kirchenrecht
AKG	Arbeiten zur Kirchengeschichte
ALGM	Ausf. Lexikon d. griech. u. röm. Mythologie (14.6.9)
ALW	Archiv für Liturgiewissenschaft
AMT	Abhandlungen zur Moraltheologie
AnPh	L'année philologique (14.4.2)
APTh	Arbeiten zur Pastoraltheologie
ARG	Archiv für Reformationsgeschichte
ATD	Das Alte Testament Deutsch (Kommentarreihe)
AThANT	Abhandl. z. Theol. d. Alten u. Neuen Testaments
Aug(L)	Augustiniana (Leuven)
AzTh	Arbeiten zur Theologie
BBB	Bonner biblische Beiträge
BBKL	Biographisch-bibliograph. Kirchenlexikon (14.3.2)
BEvTh	Beiträge zur evangelischen Theologie
BGBE	Beiträge zur Geschichte der biblischen Exegese
BGBH	Beiträge zur Geschichte der biblischen Hermeneutik
BGLRK	Beiträge zur Geschichte und Lehre der ref. Kirche
BGPhMA	Beiträge zur Geschichte der Philosophie (und Theologie) des Mittelalters
BGrL	Bibliothek der griechischen Literatur (14.7.2)
BHH	Biblisch-historisches Handwörterbuch (14.6.4)
BHS	Biblia hebraica Stuttgartensia (14.7.1)
BHTh	Beiträge zur historischen Theologie
BiBe	Biblische Beiträge
BiKi	Bibel und Kirche
BiLi	Bibel und Liturgie
Bill.	Strack; Billerbeck: Kommentar zum NT aus Talmud und Midrasch
BIW	Die Bibel und ihre Welt (14.6.4)
BK	Biblischer Kommentar

BKV	Bibliothek der Kirchenväter (14.7.2)
BL	Bibel-Lexikon / Haag, H. (Hrsg.). (14.6.4)
BNGKT	Beiträge zur neueren Geschichte der kath. Theologie
BÖT	Beiträge zur ökumenischen Theologie
BPatr	Bibliographia patristica (14.4.2)
BPTh	Beiträge zur praktischen Theologie
BSKORK	Bekenntnisschriften und Kirchenordnungen der nach Gottes Wort reformierten Kirche (14.7.4)
BSLK	Bekenntnisschriften d. evang.-luther. Kirche (14.7.4)
BSRK	Bekenntnisschriften der reformierten Kirche (14.7.4)
BSTh	Beiträge zur systematischen Theologie
BThAM	Bulletin de théologie ancienne et médiévale (14.4.2)
BThZ	Berliner theologische Zeitschrift
BWANT	Beiträge zur Wiss. vom Alten und Neuen Testament
BZ	Biblische Zeitschrift
BZAW	Beihefte zur ZAW
BZNW	Beihefte zur ZNW
BZRGG	Beihefte zur ZRGG
Cath.	Catholicisme (14.6.3)
CCath	Corpus catholicorum (14.7.4)
CChr	Corpus christianorum (14.7.2, vgl. dort Unterreihen)
CFl	Concilium Florentinum (14.7.3)
CGG	Christlicher Glaube in moderner Gesellschaft
CIC	Codex iuris canonici (14.8.12)
COD	Conciliorum oecumenicorum decreta (14.7.3)
ConBas	Concilium Basiliense (14.7.3)
CPG	Clavis patrum graecorum (14.8.3)
CPL	Clavis patrum latinorum (14.8.3)
CR	Corpus reformatorum (14.7.4)
CSCO	Corpus scriptorum christianorum orientalium (14.7.2)
CSEL	Corpus scriptorum ecclesiasticorum lat. (14.7.2)
CT	Concilium Tridentinum (14.7.3)
D	Denzinger: Enchiridion... (14.8.7: 32. Aufl. vgl.: DS)
DACL	Dictionnaire d'archéol. chrét. et de liturgie (14.6.5)
DDC	Dictionnaire de droit canonique (14.6.17)
DHGE	Dict. d'hist. et de géogr. ecclésiastiques (14.6.5)
DIP	Dizionario degli istituti di perfezione (14.6.12)
DizEc	Dizionario ecclesiastico (14.6.3)
DPAC	Dizionario patristico e di antichità christiane (14.6.5)
DS	Denzinger; Schönmetzer: Enchiridion (14.8.7)
Dsp	Dict. de spiritualité ascétique et mystique (14.6.12)
DThA	Deutsche Thomas-Ausgabe (14.7.2)

DThC	Dictionnaire de théologie catholique (14.6.3)
dtv	Deutscher Taschenbuch-Verlag
EBB	Elenchus bibliographicus biblicus (14.4.2)
EETh	Einführung in die evangelische Theologie
EHS.T	Europ. Hochschulschriften, Reihe 23: Theologie
EI	Encyclopaedia of Islam (14.6.8)
EJ	Encyclopaedia Judaica (14.6.6)
EK	Evangelische Kommentare
EKK	Evangelisch-katholischer Kommentar zum NT
EKL	Evangelisches Kirchenlexikon (14.6.2)
EncBud	Encyclopaedia of Buddhism (14.6.8)
EncRel(I)	Enciclopedia delle religioni (14.6.8)
epd	Evangelischer Pressedienst
ER	Ecumenical review
ERE	Encyclopaedia of religion and ethics (14.6.3)
ESL	Evangelisches Soziallexikon (14.6.17)
EStL	Evangelisches Staatslexikon (14.6.17)
EThL	Ephemerides theologicae Lovanienses (14.4.2)
EuA	Erbe und Auftrag
EvTh	Evangelische Theologie
EWNT	Exegetisches Wörterbuch zum NT (14.6.4)
FGLP	Forschungen z. Gesch. u. Lehre d. Protestantismus
FKDG	Forschungen zur Kirchen- und Dogmengeschichte
FKGCA	Forschungen z. Kunstgesch. u. christl. Archäologie
FKGG	Forschungen zur Kirchen- und Geistesgeschichte
FKTh	Forum katholische Theologie
FRLANT	Forschungen z. Religion u. Literatur des A u.NT
FrRu	Freiburger Rundbrief
FSÖTh	Forschungen zur systemat. u. ökumen. Theologie
FThSt	Freiburger theologische Studien
FTS	Frankfurter theologische Studien
FZPhTh	Freiburger Zeitschrift f. Philosophie u. Theologie
GAT	Grundrisse zum AT
GCS	Die griech. christl. Schriftst. d. ersten 3 Jhh. (14.7.2)
GETh	Grundrisse zur evangelischen Theologie
GGB	Geschichtliche Grundbegriffe (14.6.17)
GNT	Grundrisse zum NT
GÖK	Geschichte der ökumenischen Konzilien
GrTS	Grazer theologische Studien
GT	Gesellschaft und Theologie
GuL	Geist und Leben

HAT	Handbuch zum AT
HDG	Handbuch der Dogmengeschichte (14.8.7)
HerKorr	Herder-Korrespondenz
HFTh	Handbuch der Fundamentaltheologie (14.8.6)
HJ	Historisches Jahrbuch der Görres-Gesellschaft
HKG(J)	Handb. d. Kirchengesch. / Jedin (Hrsg.). (14.8.2)
HNT	Handbuch zum NT
HOK	Handbuch der Ostkirchenkunde (14.8.8)
HPG	Handbuch pädagogischer Grundbegriffe (14.6.18)
HPhG	Handbuch philosophischer Grundbegriffe (14.6.16)
HPTh	Handbuch der Pastoraltheologie (14.8.13)
HRG	Handbuch der Religionsgeschichte (14.8.17)
HThG	Handbuch theologischer Grundbegriffe (14.6.10)
HThK	Herders theologischer Kommentar zum NT
HTTL	Herders theologisches Taschenlexikon (14.6.2)
HUTh	Hermeneutische Untersuchungen zur Theologie
HVk	Handbuch der Verkündigung (14.8.14)
HWDA	Handwörterbuch des dt. Aberglaubens (14.6.9)
HWP	Historisches Wörterbuch der Philosophie (14.6.16)
IBR	Internationale Bibliographie der Rezensionen (14.1.5)
IBZ	Internationale Bibliogr. d. Zeitschriftenlit. (14.1.5)
ICC	The international critical commentary (OT and NT)
IKaZ	Internationale katholische Zeitschrift „Communio“
IKZ	Internationale kirchliche Zeitschrift
IMB	International medieval bibliography (14.4.2)
IZBG	Internat. Zeitschr.schau f. Bibelwiss. ... (14.4.2)
JAC	Jahrbuch für Antike und Christentum
JCSW	Jahrbuch für christliche Sozialwissenschaften
JES	Journal of ecumenical studies
JL	Jüdisches Lexikon (14.6.6)
JLW	Jahrbuch für Liturgiewissenschaft
KAT	Kommentar zum AT
KatBl	Katechetische Blätter
KEK	Krit.-exeget. Kommentar ü. d. NT / Meyer (Begr.)
KGMG	Kirchengeschichte als Missionsgeschichte (14.8.16)
KIG	Die Kirche in ihrer Geschichte (14.8.2)
KiKonf	Kirche und Konfession
KKSMI	Konfessionskundl. Schriften des J.-A.-Möhler-Instituts
KKTS	Konfessionskundl. und kontroverstheol. Studien
KL	Kirchenlexikon / Wetzer ; Welte (Hrsg.). (1. Aufl.)

KlBl	Klerusblatt
KLL	Kindlers Literatur-Lexikon (14.6.20)
KNA	Katholische Nachrichtenagentur
KuD	Kerygma und Dogma
KW	Die Kirchen der Welt (14.8.8)
LÄ	Lexikon der Ägyptologie (14.6.15)
LAW	Lexikon der Alten Welt (14.6.15)
LCI	Lexikon der christlichen Ikonographie (14.6.19)
LebZeug	Lebendiges Zeugnis
LF	Liturgiegeschichtliche Forschungen
LIMC	Lexicon iconograph. mythologiae classicae (14.6.9)
LJ	Liturgisches Jahrbuch
LPs	Lexikon der Psychologie (14.6.18)
LQF	Liturgiegeschichtliche Quellen und Forschungen
LR	Lutherische Rundschau
LS	Lebendige Seelsorge
LThK	Lexikon für Theologie und Kirche (14.6.2)
LuJ	Luther-Jahrbuch
LWL	Lexikon d. Weltliteratur i. 20. Jahrhundert (14.6.20)
LWQF	Liturgiewissenschaftliche Quellen und Forschungen
Mansi	Sacr. conciliorum nova et amplissima coll. (14.7.3)
MBTh	Münsterische Beiträge zur Theologie
MdKKI	Materialdienst des konfessionskundlichen Instituts
MGG	Die Musik in Geschichte und Gegenwart (14.6.19)
MGH	Monumenta Germaniae historica (14.7.2)
MoTh	Modern theology
MThS	Münchener theologische Studien
MuK	Musik und Kirche
MySal	Mysterium salutis (14.8.7)
NCE	New catholic encyclopedia (14.6.3)
NHThG	Neues Handb. theol. Grundbegriffe (14.6.10)
NIDCC	New internat. dict. of the Christian church (14.6.3)
NKD	Nachkonziliare Dokumentation (14.7.5)
NR	Neuner; Roos: Der Glaube der Kirche (14.8.7)
NRTh	Nouvelle revue théologique
NTA	Neutestamentliche Abhandlungen
NTAb	New Testament abstracts
NTD	Das Neue Testament Deutsch (Kommentarreihe)
NUC	National union catalog (14.1.3)
NZM	Neue Zeitschrift für Missionswissenschaft
NZSTh	Neue Zeitschrift für syst. Theologie u. Religionsphil.

ODCC	Oxford dictionary of the Christian church (14.6.3)
ÖF	Ökumenische Forschungen
ÖKG	Ökumenische Kirchengeschichte (14.8.2)
ÖL	Ökumene-Lexikon (14.6.7)
ÖR	Ökumenische Rundschau
OR	L'osservatore Romano
OR(D)	- dt. Wochenausgabe
OTAb	Old Testament abstracts
PaThSt	Paderborner theologische Studien
PG	Patrologia graeca (14.7.2)
PGL	Patristic greek lexicon (14.8.3)
PhB	Philosophische Bibliothek
PhJ	Philosophisches Jahrbuch der Görresgesellschaft
PhR	Philosophische Rundschau
PL	Patrologia latina (14.7.2)
PO	Patrologia orientalis (14.7.2)
PRE	Paulys Realencyclopädie ... (14.6.15)
PThH	Praktisch-theologisches Handbuch (14.6.14)
QD	Quaestiones disputatae
QKK	Quellen zur Konfessionskunde
RAC	Reallexikon für Antike und Christentum (14.6.5)
RÄRG	Reallexikon der ägypt. Religionsgesch. (14.6.8)
RAK	Regeln f. d. alphabet. Katalogisierung (vgl. Anm. 26)
RBK	Reallexikon zur byzantinischen Kunst (14.6.19)
RBP	Répertoire bibliographique de la philosophie (14.4.2)
RDK	Reallexikon zur deutschen Kunstgeschichte (14.6.19)
RDL	Reallexikon zur dt. Literaturgeschichte (14.6.20)
RE	Realencyclopädie für prot. Theologie und Kirche
RGA	Reallexikon der german. Altertumskunde (14.6.15)
RGG	Die Religion in Geschichte und Gegenwart (14.6.2)
RGST	Reformationsgeschichtliche Studien und Texte
RHE	Revue d'histoire ecclésiastique (14.4.2)
RIC	Répertoire bibliogr. des institutions chrét. (14.4.2)
RLA	Reallexikon der Assyrologie (14.6.15)
RLT	Rassegna di letteratura tomistica (14.4.2)
RLV	Reallexikon der Vorgeschichte (14.6.15)
RM	Die Religionen der Menschheit (14.8.17)
RNT	Das Regensburger Neue Testament
RQ	Römische Quartalschrift
RSPhTh	Revue des sciences philosophiques et théologiques
RSR	Recherches de science religieuse

RThAM	Recherches de théologie ancienne et médiévale
RThom	Revue thomiste
RThPh	Revue de théologie et de philosophie
RTL	Revue théologique de Louvain
SBS	Stuttgarter Bibelstudien
SC	Sources chrétiennes (14.7.2)
SDGSTh	Studien z. Dogmengesch. u. systemat. Theologie
SM	Sacramentum mundi (14.6.2)
STGL	Studien zur Theologie des geistlichen Lebens
STGMA	Studien und Texte zur Geistesgesch. des Mittelalters
StL	Staatslexikon (14.6.17)
StZ	Stimmen der Zeit
TB	Theologische Bücherei
TBLNT	Theologisches Begriffslexikon zum NT (14.6.4)
TEH	Theologische Existenz heute
TGA	Theologie der Gegenwart in Auswahl
THAT	Theologisches Handwörterbuch zum AT (14.6.4)
ThD	Theology digest
ThF	Theologische Forschung
ThGl	Theologie und Glaube
ThHK	Theologischer Handkommentar zum NT
ThLZ	Theologische Literaturzeitung
ThPh	Theologie und Philosophie
ThPQ	Theologisch-praktische Quartalschrift
ThPr	Theologia practica
ThQ	Theologische Quartalschrift
ThR	Theologische Rundschau
ThRv	Theologische Revue
ThSt(B)	Theologische Studien / Barth (Hrsg.)
ThTh	Themen der Theologie
ThW	Theologische Wissenschaft (14.8, Vorbemerkung)
ThWAT	Theologisches Wörterbuch zum AT (14.6.4)
ThWNT	Theologisches Wörterbuch zum NT (14.6.4)
ThZ	Theologische Zeitschrift (Basel)
TRE	Theologische Realenzyklopädie (14.6.2)
TRT	Taschenlexikon Religion und Theologie (14.6.2)
TS	Theological studies (Woodstock)
TSMA	Texte des späten Mittelalters (und der frühen Neuzeit)
TThZ	Trierer theologische Zeitschrift
TTS	Tübinger theologische Studien
TU	Texte und Untersuchungen z. Gesch. d. altchristl. Lit.

UnSa	Unam Sanctam (Paris)
US	Una Sancta (Meitingen)
UTB	Uni-Taschenbücher
VF	Verkündigung und Forschung
VigChr	Vigiliae Christianae
VRF	Vorreformationsgeschichtliche Forschungen
WA	M. Luther: Werke (Weimarer Ausgabe: 14.7.4)
WBTh	Wiener Beiträge zur Theologie
WiWei	Wissenschaft und Weisheit
WM	Wörterbuch der Mythologie (14.6.9)
WUNT	Wissenschaftliche Untersuchungen zum NT
WWKL	Wetzer und Welte's Kirchenlexikon (2. Aufl.)
ZAW	Zeitschrift für die alttestamentliche Wissenschaft
ZEE	Zeitschrift für evangelische Ethik
ZEvKR	Zeitschrift für evangelisches Kirchenrecht
ZKG	Zeitschrift für Kirchengeschichte
ZKTh	Zeitschrift für katholische Theologie
ZMRW	Zeitschrift für Missionswissenschaft und Religionswissenschaft
ZNW	Zeitschrift für die neutestamentliche Wissenschaft
ZPhF	Zeitschrift für philosophische Forschung
ZRGG	Zeitschrift für Religions- und Geistesgeschichte
ZThK	Zeitschrift für Theologie und Kirche